Introduction to Tourism Studies
for international students

留学生のための
観光学入門

［共著］

谷口知司・早川 諒
Tomoji Taniguchi　　**Ryo Hayakawa**

晃洋書房

まえがき

　本書は留学生のための観光学の入門書です．対象は，日本語学校を卒業した程度の日本語能力を持つ専門学校や大学の学生です．

　そのため日本語教育のほとんどの教科書で使われている「です」「ます」表記に統一するとともに，総ルビで，漢字の苦手な学習者をサポートしています．内容としては，できるだけ多くの観光分野の領域を取り込み，主に日本の事例をもとに説明しています．

　本書で観光学の基礎を学ばれた留学生のみなさんが観光にかかわる仕事で，日本国内や世界の各地で活躍されることを期待しています．

　最後に，本書の出版に取り組んでいただいた晃洋書房の皆さん，特に編集部の西村喜夫さん，櫻井天真さんに執筆者を代表して感謝の意を表します．

谷口知司

目　　次

第 **1** 章

観 光 と は

この章では，観光とは何かということを考えることにします．具体的には観光という言葉の意味，観光の歴史，近年の日本の観光政策，観光がもたらすさまざまな効果やマイナス要因，持続可能な観光の視点，観光の構成要素について見ていきます．

1. 観光と旅行

　私たちは普段，観光と旅行という言葉をほぼ同じ意味で使っています．ここでは，まずこの2つの言葉と英語のツーリズム（tourism）の3つを比べながらそれらの違いを考えてみることにします．

1.1 旅行という言葉

　旅行は，大きく業務旅行（会議，商談など）と観光旅行（見学，体験，休養など）に分類することができます．つまり旅行は観光より広い意味を持つ言葉であるといえます．

1.2 観光という言葉の意味

　観光という言葉は，中国の古典に由来しますが，日本独自の用語です．

　1995（平成7）年の観光政策審議会の答申で，観光は「余暇時間

の中で, 日常生活圏を離れて行うさまざまな活動であって, 触れ合い, 学び, 遊ぶことを目的とするもの」とされています.

　国際的な用語としては英語のツーリズム（tourism）がありますが, 大正時代に, このツーリズムの日本語訳として「観光」が用いられるようになりました. しかし, 国連世界観光機関（UNWTO）によるとツーリズムとは「継続して1年を超えない範囲で, レジャーやビジネスあるいはその他の目的で, 日常の生活圏の外に旅行したり, また滞在したりする人々の活動を指し, 訪問地で報酬を得る活動を行うことと関連しない諸活動」であるとされており, 業務旅行としての内容が含まれています. そのため, ツーリズムを観光と訳すことは適切ではありません. ツーリスズムは旅行と訳すべきだと考えます. この本では観光と旅行という二つの言葉を使い分け業務旅行を含むものを旅行と表記することにします.

2. 観光の歴史

　人間はその有史以来, 旅行をしていたと考えられます. 食料や物資を求めて旅に出る, あるいは気晴らしなどのために旅行をしたという記録は, 古くから存在します.

　観光的な意味合いを持つ旅は, 古代エジプトの時代に, 神殿への巡礼という形で存在していた事が明らかですし, 古代ギリシャでは「体育競技」, 「保養」, 「宗教」の3つを目的とした旅が行われていました. また, 古代ローマでは, 「宗教」, 「保養」, 「食」, 「芸術」, 「登山」などが, それぞれ観光目的になったといわれています.

　しかしその後，西ローマ帝国の滅亡（5世紀）とともに，観光的な「楽しみのための旅行」も消滅し，長い空白期に入ることになります．

　中世も中期（11世紀〜13世紀）に入ると，ヨーロッパでは聖地巡礼の宗教観光や，商人による業務旅行が大勢を占め，活発な交流が行われていましたが，それらを支えたのが中世になって発展した交通路や，海路の発見でした．

　18世紀になると近代ツーリズムの始まりと考えられるグランドツアーが始まっています．これは，18世紀イギリスの上流の家庭で子弟のエリート教育の一環として，その学業の終了時に当時の文化先進国であったイタリアやフランスを主な目的地として行った大規模な海外旅行です．通常1〜2年，時には数年間にも及ぶグランドツアーの経験の中で，若者たちは，旅先の政治，文化，芸術などを家庭教師から学び，また自ら，見物や買い物などで多くの経験をしたとされています．

　19世紀に入ると，ヨーロッパ全域で鉄道網の整備が行われ，モノや人の移動の便宜が飛躍的に向上しました．特にイギリスでは，早い時期に鉄道網の整備が進みましたが，鉄道を利用した団体旅行の企画，運営を行ったのがトーマス・クックです．彼は旅行費用の積み立て制度や旅行誌の発刊なども行い，また世界最初の旅行会社とされるトーマス・クック社を創業しました．こうした功績によって彼は「近代ツーリズムの祖」と呼ばれています．

3. 日本の観光の歴史

日本において，旅行が一般化するのは江戸時代に入ってからです．もちろん，それより前の時代にも旅はありました．日本人の旅（巡礼）の起源ともいわれている熊野詣でなどは，かなり組織的に活発に行われていたということもわかっています．

　江戸時代になると，経済水準の向上や諸環境（例えば五街道や宿場町）の整備によって，旅は庶民にも定着してきます．伊勢参りはその代表的なものです．

　その後，1869 年の明治政府による『関所廃止令』によって全国の関所が廃止されたことや，鉄道事業の開始などにより，近代的なツーリズムへと一挙に展開することになりました．

3.1 日本における近代的なツーリズムの展開

　明治時代以降，当時の鉄道院や鉄道省が中心となって旅行案内の類の本が発行されています．1906 年から 07 年にかけて主要私鉄 17 社が国有化され，国鉄（現 JR）による全国の鉄道網が完成しています．このころに日本人自身による初の本格的な海外向け旅行ガイドである「東亜英文旅行案内」が発行されています．また，日本人向けには，1911 年の「鉄道院線沿道遊覧地案内」が発行されています．その後，1929 年頃から「日本案内記（北海道編，東北編，関東編，中部編，近畿編（上・下），中国四国編，九州編）」全 8 巻が発行され，日本全国のほとんどの名所・旧跡がその中で紹介されました．この「日本案内記」が現在の日本国内のガイドブックの原型と

なったといわれています.

　さらに，1937年頃から，同じく鉄道省編纂で，『祖国認識旅行叢書』（全10巻）が刊行されました．これらは，第一巻「幕末烈士の遺跡」や第四巻「名称の遺構」のようなテーマ設定のもと，所在地と交通案内とそれぞれの詳細な説明で構成されていました.

4. 近年の日本の観光政策

　日本では，2006年に「観光立国推進基本法」が成立しました．観光立国とは，国内の観光資源（自然景観，歴史的遺産，風土，都市，レジャー施設，食など）を整備して国内外からの観光客を誘致し，観光による経済効果を，その国の経済基盤にすることを言います．基本的施策として，国際競争力の高い魅力ある観光地の形成，観光産業の国際競争力の強化及び観光の振興に寄与する人材の育成，国際観光の振興，観光旅行の促進のための環境の整備の4つが掲げられました．また，2008年には国土交通省の外局として「観光庁」が設置されたことによって，観光が，日本の政策の重要な柱であることが明確に位置づけられています.

　観光立国構想では，インバウンド観光とアウトバウンド観光の不均衡是正を重要な目標として位置づけられており，2003年から観光目的地としての日本を世界にアピールすることを目標に，「ビジット・ジャパン・キャンペーン」が開始されました．2003年の時点では，訪日外国人旅行者数は521万人に過ぎませんでしたが，2010年には，ほぼ2倍の1,000万人にすることを目標にしていました．この目標は，さまざまな原因（東日本大震災，新型インフルエ

ンザ，リーマンショック等）が重なって，達成することができません
でしたが，その後さらに積極的な官民挙げての訪日プロモーショ
ンを行ったり，アジア周辺国家の観光者が日本を訪れる際のビザ
要件の戦略的緩和や外国人旅行者向け消費税免税制度を拡充する
など，さまざまな政策的な努力が実り，2018年度の訪日外国人旅
行者数は，2018（平成30）年には3,119万人と過去最高を記録しま
した．

　さらに，2016年3月には「明日の日本を支える観光ビジョン」
を策定し，日本の経済成長には観光立国から観光先進国への推進
が不可欠とされました．観光先進国への視点として，「観光資源の
魅力を極め，地方創生の礎に」，「観光産業を革新し，国際競争
力を高め，我が国の基幹産業に」，「すべての旅行者が，ストレス
なく快適に観光を満喫できる環境に」の3つが掲げられ，あわせ
て訪日外国人旅行者数を2020年に4,000万人，2030年には6,000
万人とすることを目標に掲げました．

　その後2020年に始まった新型コロナウイルス感染症（COVID-
19）の世界的な大流行によって，日本国内はもとより国際的な往
来の制限が実施され，観光はその影響を大きく受けることになり
ました．「新型コロナウイルス感染症による関係業界への影響に
ついて（2021年3月）」の調査結果によれば，例えば宿泊業につい
ては，予約状況が2019年同月比で7割以上減少したと回答した
事業者の割合は，緊急事態宣言が発出された2020年5月は89%
と，ほとんどの事業者に極めて大きな打撃を与えました．その後
もコロナ禍は長引き，それ以前においては毎年増加していた外国人
旅行者は，ほぼ皆無となってしまいました．

　2023年3月31日には，「観光立国推進基本計画」が閣議決定されています．これはコロナ禍の収束後（日本では緊急事態宣言が5月25日をもって全都道府県において解除されています）において，観光立国の実現に関する基本的な計画を決定したものです．ここでは，観光立国の持続可能な形での復活に向け，観光の質的向上を象徴する「持続可能な観光」「消費額拡大」「地方誘客促進」の3つをキーワードに，持続可能な観光地域づくり，インバウンド回復，国内交流拡大の3つの戦略に取り組むこととしています．持続可能な形での観光立国の復活に向けて国内・国際観光の回復・成長が期待されるところです．

5．インバウンドとアウトバウンド

　インバウンド（inbound）は日本以外に居住する外国人が日本に来て日本国内を旅行すること，つまり訪日外国人旅行のことをいいます．一方国外へ旅行すること，例えば日本であれば，日本に居住する人が日本以外の国に旅行に出掛けること，つまり海外旅行がアウトバウンド（outbound）です．

　こうした国を越えた旅行は，コロナ禍においてほぼ皆無といっていいような状態になっていました．コロナによる旅行制限などが解除された結果，インバウンドについては順調な回復を見せ，JNTOの推計によると2023年9月の訪日外客数は218万4,300人（前年同月比＋957.1%）になっています．

　一方アウトバウンドに目を向けると，法務省出入国在留管理庁の速報値によると，2023年9月の日本人出国者数は100万

4,730 人で，2 か月連続で 100 万人を超えました．これは，前年同月（2022 年 9 月）の 31 万 9,165 人と比べると ＋214.8％の増加となっていますが，2019 年の 175 万人と比較すると −42.6％です．円安などの影響も受けているものと思われますが，インバウンドほどの回復を見せていません．観光庁では，アウトバウンドの数の令和元年水準（2,000 万人）への回復を目指していますが，回復のスピードが遅いというのが現状です．

なお，インバウンドについては第 2 章で詳しく学ぶことにします．

6．観光のもたらすさまざまなプラスの効果

観光は観光者や国際社会，国家，地域社会，企業・組織，そして個人としての観光者に至るまで，さまざまなプラス効果をもたらしています．

観光を産業としてとらえた場合，旅行会社，交通機関，宿泊業，飲食産業，アミューズメント産業，土産品産業，旅行関連産業等の幅広い分野を含んだ大変広範囲の産業です．そういった側面から眺めると，日本の経済に与えている影響は非常に大きいといえます．

また，地域レベルで見ても，観光による交流は，地域外から利益を得て地域経済を支える重要な役割を担っています．

ここでは個人レベルを含めた観光のもたらす効果について考えていくことにします．

6.1 国際社会にもたらす効果

　国際連合は 1967 年を「国際観光年」に指定し，その決議の中で「世界各国の人々の相互理解を推進し，種々の文明の豊かな遺産に対する知識を豊富にし，また異なる文明の固有の価値をより正しく感得させることによって世界平和の達成」にも大きな役割を果たすものであると記しています．また，前出の観光立国推進基本法には，観光の持続的な発展が，「恒久の平和と国際社会の相互理解の増進を念願し，健康で文化的な生活を享受しようとする我々の理想とするところ」であり，「国際相互理解を増進するものである」と謳われています．筆者もまた，「交流によってお互いの地域のことを知ることで相互理解につながり，違いを認めあいながら共存していける平和な社会の実現」に観光が大きな役割を果たすであろうことを信じています．またこれこそが観光を学ぶことの大きな意義であると考えています．

6.2 国家にもたらす効果

　観光立国という考え方については，すでに述べたところですが，経済波及効果の大きい観光は，地域活性化，雇用機会の増大などの効果を期待できます．

　また，訪日外国人旅行者の日本国内での消費は，国際収支における「旅行収支」の「収入」に該当し，日本人海外旅行者の現地での消費は「支出」にあたります．旅行収支の改善は日本の観光政策の重要な課題でしたが，2015 年に黒字に転じたあと拡大を続けました．観光の現状は，世界的にもコロナ禍からの復活がかなっていないので，コロナ禍以前のデータをここでは挙げておきま

すが，2018 年には約 2.4 兆円の黒字になっていました.

　日本の少子高齢化とそれに伴う人口の減少などから，日本人による観光の国内需要の増加が難しい状況の中で，インバウンド政策は，今後も観光収入の増加や雇用の創出，さらには地域活性化など，ますます重要な意味を持つことになります. またインバウンド観光によってもたらされた人々の交流は，世界中の人々が日本の魅力を発見し伝播することで，諸外国との相互理解の増進をも同時に期待できます.

6.3　地域社会にもたらす効果

　観光立国推進基本法には観光は「地域経済の活性化，雇用機会の増大等国民経済のあらゆる領域にわたりその発展に寄与する」とともに「地域における創意工夫を生かした主体的な取組を尊重しつつ，地域の住民が誇りと愛着を持つことのできる活力に満ちた地域社会の実現を促進し，我が国固有の文化，歴史等に関する理解を深めるもの」であると記述されています.

　近年，日本社会全体の人口減，少子高齢化の進展のもっとも大きな影響を受けているのが地方の地域社会ですが，都市部においても例外ではありません. 具体的には地場産業，商店街・繁華街の衰退，自治体の税収減少や雇用の悪化など地域社会が抱える課題はたくさんあります.

　こうした課題の解決法の 1 つに，観光による交流人口の拡大があります. そのためには，地域資源の活用による魅力的な観光地の創出が必要になります. 観光者の誘致による地域経済の発展は，地域社会に大きく寄与するでしょう.

　また，地域住民と共に観光振興を盛り上げることで地域の魅力が高まり，地域活性化につながり，さらに地域住民と観光者との交流によって相互理解が促進されることや，地域ブランドの形成がなされるなどの効果があると考えられています．

6.4　観光者にもたらす効果

　前述したとおり，観光は余暇時間の中で日常生活から離れたところで行われる活動です．

　日常生活とは，毎日繰り返される普段の生活のことであり，仕事や学業など一定の義務感を伴う活動のことをいいます．こうした職場や学校，家庭などのさまざまな環境における活動の中で，私たちは程度の差こそあれストレスを精神的，肉体的に経験しています．

　観光には，そのストレスからの精神的解放，肉体的解放さらにそれらの回復に効果があるといわれています．また，観光による刺激は，心身の健康増進や認知症予防に役立つということも科学的に証明されています．

　観光に何を期待するかは個人によって異なりますが，上述のものの他にも，自然，歴史，文化などへの関心とその欲求の充足，人々との交流や出会いへの期待などさまざまな効果をあげることができます．

7．持続可能な観光

　持続可能な観光とは，UNWTO（国連世界観光機関）によると「訪

問客，業界，環境および訪問客を受け入れるコミュニティのニーズに対応しつつ，現在および将来の経済，社会，環境への影響を十分に考慮する観光」と定義されています．また，「サステナブルツーリズム」と表現されることもあります

　日本でも観光庁は「持続可能な観光推進本部」を 2018 年 6 月 18 日付で設置し，「世界各国では観光客の急増による影響が深刻な課題となっている地域もあり，我が国でも一部の観光地においては地域住民の生活環境などに影響が生じ始めて」おり，「増加する観光客のニーズと観光地の地域住民の生活環境の調和を図り，両者の共存・共生に関する対応策のあり方を総合的に検討・推進」するとしました．

　持続可能な観光に向けた取り組みは，その地域に暮らす住民や環境に配慮を行うために必要なことはいうまでもなく，訪れる者に満足度の高い観光体験を継続的に提供するためにも不可欠といえるのです．

7.1　観光公害とオーバーツーリズム

　観光は，さまざまな側面において恩恵をもたらすものであることは，今まで学んだことからも理解できたと思います．一方で，観光のもたらす負の側面についても理解しておく必要があります．

　例えば，日本では，「観光公害」という用語が 1960 年代には使用されていますが，近年こうした現象の広がりが，「オーバーツーリズム」という言葉で表現されることが多くなりました．

　観光が地域住民の生活に及ぼし得るネガティブな影響について，平成 30 年版「観光白書」(2018) には，「特定の観光地において，

訪問客の著しい増加等が，市民生活や自然環境，景観等に対する負の影響を受忍できない程度にもたらしたり，旅行者にとっても満足度を大幅に低下させたりするような観光の状況は，最近では「オーバーツーリズム (overtourism)」と呼ばれるようになっている」と明記されています．

　つまり，訪問客が特定の観光地に増加し，地域社会の生活の質や，環境などに影響を与えるのがオーバーツーリズムですが，アムステルダム，バルセロナ，ベネチアなど，「観光地」である都市ではすでに長い間，オーバーツーリズムが問題になっています．日本でも京都などについて，オーバーツーリズムの議論が盛んに行われるようになってきています．これまでも，混雑緩和やマナー啓発などさまざまな取り組みは行われてきましたが，今後はさらに持続可能な観光地づくりが本格的な政策課題になるものと思われます．

8． 観光を構成する 3 つの要素

　この章の最後に観光を構成している 3 つの要素について考えることにします．

　観光を構成している 3 つの要素の 1 つ目は観光する人つまり観光者です．2 つ目の要素は観光の対象となる観光資源（第 10 章参照）や観光施設（第 5 章参照）です．そして 3 つ目の要素は観光者と観光対象をつなぐものです．これは交通機関（第 3 章参照）や各種メディアと情報（第 8 章参照）です．

　これらはそれぞれ観光の主体，観光の客体，観光媒体と呼ばれることもあります．

つまり観光は人間の行為であり，その人間を観光行動に駆り立てるにふさわしい対象としての観光資源や観光施設があり，その対象への関心を人間につなぐ情報そして移動の手段があって初めて成立するものだといえます．

おわりに

この章では，観光とは何かということについて，いろいろな視点から考えてきました．第2章以下を読み進めることで，観光のさまざまな側面について理解を深めるようにしてください．

参考文献

谷口知司・福井弘幸編著（2020）『ひろがる観光のフィールド』晃洋書房．

谷口知司・福井弘幸編著（2017）『これからの観光を考える』晃洋書房．

安田亘宏著（2021）『新版インバウンド実務主任者認定試験公式テキスト』全日本情報学習振興協会．

国土交通省（2021）「新型コロナウイルス感染症による関係業界への影響について」（www.mlit.go.jp/common/001391152.pdf）2023年11月取得．

国土交通省 HP（https://www.mlit.go.jp/kankocho/news12_000001_00029.html）2023年11月取得．

JTB総研 HP 観光統計（https://www.tourism.jp/tourism-database/stats/）2023年11月取得．

コラム　路面電車の走るまちなみ

　私が住む京都市にも，かつて市電（路面電車）が走っていました．

　1895 年，民営の京都電気鉄道会社（京電）の路面電車が現在の京都駅近くから伏見までの約 6.4 km で開業しました．日本における電車の営業はこれが最初です．

　1912 年 6 月，京都市営電車（京都市電）の営業が開始され，京電との激しい客取り合戦が繰り広げられましたが，1918 年 7 月に京都市が京電を買収し，競合区間の路線が統一され，総延長 68.8 km という日本最大の路面電車網が 1978 年 9 月までの 83 年間，京都市内を縦横に走っていました．

　1960 年ごろから，市電と競合する市バスや民営バスが増加し，さらに自動車も多く走りはじめ，市内の交通渋滞問題が深刻化し始めました．1965 年 12 月には，自動車の通行をスムーズにすることを目的に，市電軌道内における自動車の通行が解禁されています．こうした施策によって，交通渋滞の解消には若干の効果があったものの，逆に市電は車の渋滞に巻き込まれ，定時運行と安全性に支障をきたし，乗客は減り，赤字が拡大するという悪循環に陥りました．

　ついに，1965 年の京都市の交通事業審議会の答申で，京都市の将来的な交通体系として「高速鉄道とバスへの移行が望ましい」とされたのです．

　市電廃止に至った経緯については，ここで十分に説明することはできませんが，都市の規模，住民の考え方，経済力，政治的な思惑など，さまざまな要因が複雑に絡んでいます．

　ただ，当時の市電は，嵐山・嵯峨地区を除くほとんどの主要観光地を網羅していました．存続していれば現在の市内の交通渋滞を緩和する手段になっていたという主張をする人も少なからずいます．市電廃止後，京都市の渋滞問題は現在も解決していないばかりか深刻度が増しています．市電に代わって整備された地下鉄も，路線距離が短く，十分な代替交通手段とはいえません．結局のところ，多くの地域では市電が廃止さ

れた後，バスが主な公共交通手段となっています．路線によってはバスの定時運行が困難になっていますし，観光者が多く利用する路線では，さらに混雑度が増し，地元住民の利用に支障をきたすこともあります．

　そこで現在でも，自動車の市電軌道内通行を禁止して，市電路線を守るべきだったのであり，京都市における観光公害の一因は，長年の稚拙な交通政策によるものだという識者もいるのです．

　私は，仕事柄もあり多くのヨーロッパの街を訪ねていますが，私が訪れたヨーロッパの街，ミラノ，フィレンツェ，ローマ，タリン，ウィーン，アムステルダム，ベルン，チューリッヒ，バルセロナ，プラハ，ブダペスト，ポルト，リスボン，ワルシャワ，クラクフなど，さまざまな街で路面電車（トラム）を見かけることができました．また，それを利用して仕事に向かい，観光もしました．

　これらの街の多くで，路面電車は旧市街地・歴史地区の近くを走ったり，乗り入れたりしています．たぶん，かつて異物であったろう路面電車が，古都の景観の一部としてすっかり馴染んでいます．

　京都に暮らし，観光公害の実態を目の当たりにしながら，京都の街に路面電車が走る姿を夢想することは，今となっては全く無意味なことなのでしょう．

谷口知司

第2章
インバウンドと観光

インバウンドは，日本が観光立国であるための重要なものとして位置づけることができます．本章ではインバウンドの歴史からさまざまなインバウンドの消費や制度を取り上げ，近年の変化について学びます．

1．インバウンドの近年の歴史

インバウンドは当初，外貨獲得のための外客誘致から始まり，近代観光の始まりとなりました．ジャパン・ツーリスト・ビューロー（現在の JTB につらなる組織です）が，外客に対する日本の紹介・斡旋などの事業を行うことを目的として 1912（明治 45）年に創立されました．

ところで，日本では 1964 年に観光目的の海外渡航の自由化が始まり，日本人出国者数が 22 万人に増えました．当時の訪日外国人旅行者数（インバウンド）は，日本人出国者数（アウトバウンド）に比べて少なかったのです．大阪万博（日本万国博覧会）が開催された 1970 年に訪日外国人旅行者は 85 万人に増えました．しかし，大阪万博が終わり 1971 年になると円高の影響等で日本人出国者数の市場がインバウンドよりも増えました．その後，1995 年の日本人出国者数は，1,530 万人でした．

　これに対して，当時の訪日外国人旅行者数は 335 万人でした．政府はこのような状況を改善するための政策を打ち出し，運輸省（当時）が，1996 年に，訪日外国人旅行者を 2005 年時点で 700 万人に倍増させることを目指す「ウェルカムプラン 21」を策定しました．

　1998 年の冬季長野オリンピックをきっかけに日本は注目されるようになり，その後開催された 2002 年の日韓ワールドカップサッカー大会の開催では訪日外国人旅行者が増加傾向に転じました．しかし，同時にアジアへの日本人出国者も増加し，訪日外国人旅行者数と日本人出国者数の差が開きました．そこで，政府は 2003 年に「ビジット・ジャパン・キャンペーン」を立ち上げ，国をあげて観光の振興に取り組み，観光立国を目指す方針を示しました．

　そのような国全体を挙げての支援や国際状況の変化から，2013 年には訪日外国人客数が目標であった年間 1,000 万人を超えました．政府は，新たに 2020 年までに 2,000 万人，2030 年までには 3,000 万人という目標を掲げました．2013 年から円安とオリンピック開催が決まった影響もあり 2015 年は訪日外国人旅行者数が 1,973 万人超えを記録しました．これは，大阪万博開催の 1970 年以来 45 年ぶりに，訪日外国人旅行者数が日本人出国者数を上回りました．2016 年から 2018 年にかけて訪日外国人旅行者は増え続け 3,000 万人を超えました．2019 年には，3,188 万人と過去最高の訪日外国人数となりました．

　しかし，2020 年に新型コロナウイルス感染症（COVID-19）が世界で流行すると 2020 年の訪日外国人旅行者数は前年度の 99％減となりました．

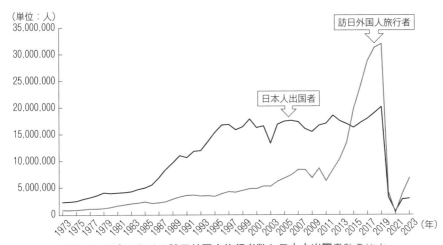

図 2-1　日本における訪日外国人旅行者数と日本人出国者数の比率

出所：日本政府観光局「日本の観光統計データ」(jnto.go.jp).

　ところが，2023年4月から入国制限が緩和されたこともあり，4月時点で600万人を超え訪日外国人旅行者数がコロナ流行以前に戻りつつあります.

2．インバウンド急増

2.1　LCC の参入

　2010年前半は，アジア諸国から団体旅行が多くいましたが，2013年以降，羽田空港と成田空港の発着枠が増えたことなども影響し，多くの格安航空会社（LCC：Low Cost Carrier）が参入してきました.

　大手国空会社の価格競争も激しく，結果として航空運賃が値下がった時期もありました.

2.2 ビザの緩和

訪日外国人旅行者が増加した理由に，ビザ発給要件の緩和が影響しています．2017年10月には中国人旅行者向けに大幅なビザの緩和を実施しており，他にも香港，マカオ，インドなどがビザ免除の対象になっています．その他にも数次ビザの発行やその緩和などの政策の結果，アジア諸国からの訪日外国人旅行者の増加につながりました．

2.3 訪日外国人旅行者専用の鉄道チケット

日本では，訪日外国人旅行者専用の鉄道チケットがあります．代表的なものとして，JRグループが発行するジャパン・レール・パスや関西主要公共交通各社を切符の買い換えなしで利用できるKANSAI ONE PASS，阪急が発行している「阪急ツーリストパス」，阪神電車が発行する「阪神ツーリストパス」など訪日外国人旅行者向けの鉄道切符が販売されています．

　ここでは，北海道から鹿児島県まで日本縦断が可能なJRグループが発行するJR各社の鉄道・路線バスが乗り降り自由に利用できるジャパン・レール・パス（JAPAN RAIL PASS）について説明します．

　このパスは，対象者は観光目的で日本に短期滞在する外国人及び外国に10年以上の長期滞在をする日本人が購入できます．専用Web販売または海外のJR指定販売店・代理店で購入することができます．来日後，日本国内の引換所でパスポートと引換証などを提示してパスに交換します．期間は，7日間，14日間，21日間で選べます．

このように訪日外国人旅行者専用の鉄道パスができた理由は，ゴールデンルートだけではなく，地方に訪日外国人旅行者を呼び込みリピーターになってもらうことが目的の1つにあります．結果的に，次節で述べるコト消費を求める訪日外国人観光客増加につながっています．

2.4　日本の人気上昇とコト消費

2013年に和食がユネスコ無形文化遺産に登録されました．また，日本独自の文化を求める外国人観光者が増加しています．

外国人観光者の観光コースといえば，ゴールデンルートと呼ばれる定番観光が主流でしたが，リピーター（2回以上日本に来る訪日外国人旅行者）が増えるにつれ，外国人観光者が求めるコンテンツも変化しています．ただ単に観光地を訪れ，お土産をたくさん買って帰る「モノ消費」から体験型のコンテンツ，「コト消費」を求めるようになりました．コト消費の中でも人気なのが「アニメの聖地に行くこと」「日本酒を飲むこと」「温泉に入ること」などがあります．

2.5　トキ消費

現在注目されている消費形態がトキ消費と呼ばれるものです．トキ消費とは，2020年以降に広まった消費行動の1つです．その特徴として「非再現性」「参加性」「貢献性」の3つを上げることができます．つまり「参加の価値」です．例えば地域のフェスティバル，盆踊り，ハローウィンイベント，スポーツ観戦などのような実施期間が決まっているイベントに参加することがそれにあたりま

図2-2　ハローウィンイベントに集まる人々

出所：筆者撮影.

す．近年，コアな日本ファンが増加したことで，トキ消費を楽し
む外国人観光者が増加しています．

3．免税制度

　消費税の免税制度は，訪日外国人旅行者をはじめとする日本に
居住していない人が土産物などとして商品を購入する場合に，消
費税分の支払いを免除するというものです．外国人が帰国したとき，
さらに課税され二重課税になるのを防ぐためという理由もありま
すが，個人的に使用すると認められるものに限り，基本的に各国が
決めた入国者一人当たり一定の範囲内で免税となります．そのた

め日本国内での訪日外国人旅行者の消費行動を促すための制度として機能しています.

　1989 年の消費税導入とともに始まりました. 免税の対象は従来, 家電や衣料品に限られましたが, インバウンド消費の拡大を目指す政府は制度を拡充し, 2014 年 10 月から食料品や化粧品などの消耗品も含まれるようになりました（合計 5,000 円以上の購入が対象で, 消耗品の場合は購入額の合計 50 万円という上限がある）. 対象拡大に伴い, ドラッグストアなどが免税店許可を取るケースも多く, 制度開始後約 10 年で免税店の数は 10 倍に増加しています.

　2023 年 4 月には免税制度改正により, 免税購入対象者の変更と「Visit Japan Web サービス」に登録されている情報を免税店でも活用可能になりました.

3.1　免税対象の物品

　免税制度の対象物品は次のように分類されます. 消耗品に分類されるものとして食品類, 飲料類, 薬品類, 化粧品があります. 次に, 消耗品以外の一般物品には, 家電製品, 服・着物, 時計・宝飾品, 民芸品, 鞄があります. 免税の対象物品は, 通常生活で使用される消耗品または消耗品以外の一般物品とされ, 事業用や転売用として購入する場合は対象外です.

3.2　免税購入者の条件

　2023 年 4 月に免税制度改正で変更され, 免税対象者の在留資格が短期滞在や外交, 公用の者に変更されました. つまり, 外国籍であっても留学や研修, 技能実習, 永住者などの在留資格は免

税対象外となりました．ただし，船舶観光上陸許可書や乗員上陸許可書などの旅券や許可書で，上陸の許可を受けて在留する場合は，従来と変わらず免税対象です．

　日本国籍を有する場合の免税対象者について海外に住んでいて日本に国籍がある場合は，非居住者かつ国内以外の地域に引き続き2年以上住所または居住を有する者となります．確認は「戸籍の附票の写し」または「在留証明」で行われます．また，海外滞在期間が2年未満の方は，外国への勤務目的または2年以上滞在する目的で出国しても，免税対象外なので注意が必要です．

3.3　臨時免税店制度

　2019年7月より，地域のお祭りや商店街のイベント等に7月以内の期間を定めて出店する場合において，あらかじめその承認を受けているときは，届出により免税販売が可能となりました．政府は，2025年の大阪・関西万博（2025年日本国際博覧会）などの国際イベントにおいて外国人旅行消費額のより一層の拡大と，地方を含めた免税店数のさらなる増加に努めています．

3.4　免税店の種類

　免税店は，消費税のみが免除される TAX-FREE SHOP と，海外から輸入する際の税や消費税などが免除される DUTY-FREE SHOP の2種類に分けられます．基本的に TAX-FREE SHOP は町中にある免税店です．DUTY-FREE SHOP は，主に空港内にある，消費税以外にも関税やたばこ税などの税が免除されるお店です．外国人に限らず，日本人も利用できます．しかしその場合，出国

図 2-3　免税店の看板

出所：筆者撮影.

手続きを済ませた国際線利用者が入国手続きをするまでにしか利用できません.

おわりに

　2023 年になりコロナによる規制が緩和されたことで, 訪日外国人旅行者が増加しています. 注目すべきこととして, コロナ以前の 2019 年と比べて観光の消費スタイルに大きな変化がありました. コロナ以前は,「爆買い」と呼ばれる「モノ消費」を求める外国人観光者が多くいました. しかし, 現在は,「コト消費」や「トキ消費」といった体験を楽しむ観光スタイルにニーズが変わりつつあります. 訪日外国人旅行者に特化した鉄道チケットや免税店が増

加したことで今後，外国人観光者の増加が期待される一方で，地方における受け入れ態勢の整備が求められています．

参考文献

格安旅行ナビ「訪日外国人旅行者向け鉄道＆バスきっぷまとめ【2022年版】」（https://kakuyasu-ryoko.com/ticket/overseas-tourists/）2023年11月16日取得．

kotodori「トキ消費｜3つの特徴と事業例，変化する消費行動をわかりやすく解説」（https://kotodori.jp/strategy/toki-consumption-2/）2023年11月16日取得．

ZEIMO「免税店は2種類ある，Tax Free と Duty Free はこんなに違う」（https://zeimo.jp/article/18774）2023年11月16日取得．

高荷裕二税理士事務所 風の向くまま気の向くまま「臨時免税店制度を利用して外国人観光客のインバウンド消費を狙おう！」（https://ztakani.com/post-9028）2023年11月16日取得．

日本政府観光局「日本の観光統計データ」（https://statistics.jnto.go.jp/graph/#graph--inbound--travelers--transition）2023年11月16日取得．

Free「免税制度改正とは？変更点をわかりやすく解説【令和5年度】」（https://www.freee.co.jp/kb/kb-trend/tax-exemption-system-revision/）2023年11月16日取得．

訪日ラボ「インバウンドの急増はなぜ起こった？3つの理由と3つの対策を解説【ビジネス基礎知識】」（https://honichi.com/news/2019/07/04/inboundreason/）2023年11月16日取得．

第3章
観光と輸送機関

　輸送機関は，観光者を居住地などから観光の目的地まで輸送するという役割があります．そのため観光という人間の行為にとって欠くことができないものです．本章では鉄道，航空機，船舶について，観光の手段としての輸送機関の役割を考察するとともに，あわせて近年，鉄道や客船が観光資源としての重要な役割も持つようになったことについて紹介することにします．

1. 観光と鉄道

1.1 鉄道の歴史

　目的地まで，人や物を迅速かつ安全に運搬することが輸送機関の使命ですが鉄道は特に大量輸送の手段として優れています．

　1830年にイギリスのリバプール・アンド・マンチェスター鉄道が開業し，蒸気機関車でマンチェスターとリバプールの間で営業運転を始めましたが，その時の営業距離は50km程度でした．ところが，1851年には，開業距離が1万1,263kmに達するほどになり，鉄道の延伸は急速に進みました．

　日本では最初の鉄道が新橋—横浜間の29kmで開通したのは1872年のことですが，その後全国に急速に広がりました．

　また，複線化，電化などとともに，在来線の特急網が全国に張

り巡らされることで利便性が増し，さらに新幹線網の整備によって，鉄道の高速化と快適性の向上が進みました．

2022年現在，日本の鉄道（軌道を含む）の全営業キロは2万7,719 km に達しており，また鉄道輸送統計調査月報（2023年4月分）によると旅客数量総合計は，18億6,224万人，旅客人キロ総合計では，333億人キロです（国土交通省）．

こうした全国に張り巡らされた鉄道網が，観光での鉄道利用を飛躍的に発展させてきたわけですが，今日では，人口の減少や高速道路網の整備とそれに伴う高速バスの運行などによって，運行コストの高い鉄道は，地方路線の維持が困難になり，廃線や運行本数の減少によって，観光地へのアクセスに鉄道が利用できなくなった地域も出現しています．

1.2 鉄道と観光開発

日本では，鉄道が始めて開通して以来，観光地の発展にも大きな影響を及ぼしてきました．

1880年から1890年代は，都市と観光地を結ぶ路線が民間の電気鉄道によって開通しています．例えば，1889年に讃岐鉄道（丸亀―琴平間）が開通して金毘羅参詣が便利になり，1897年には成田鉄道（佐倉―成田間）が開業して成田山新勝寺参詣への輸送の利便性が向上しました．

1900年代に入ると，民間鉄道は大都市近郊に海水浴場や遊園地を作り，それを観光資源として経営し，そこに観光客の誘致を図るようになりました．大変有名な事例ですが，箕面有馬電気軌道（現在の阪急電鉄）は，1911年宝塚で温泉浴場を開設して本格的な

観光事業にのりだすとともに，1914年に宝塚少女歌劇（現在は宝塚歌劇団）の公演をスタートさせて観光拠点として位置づけ，鉄道の利用促進を図っています．

　また，阪神電気鉄道は，1924年に，阪神甲子園球場を開設し，1929年には甲子園阪神パークを開設することで，観光地としての地位を築いていきました．

　一方，高原や山岳地帯，景勝地に目を向けると，例えば，1929年に東武鉄道は日光地区への観光客を誘致するため，浅草から日光までの直通電車を運行し，1935年には，浅草から日光・鬼怒川への特急電車による直通運転も開始しました．あわせて，中禅寺湖，湯元温泉などへの交通網を整備して，奥日光も含めたエリアを東京からの一大観光地として開発しました．

　このほかにも，黒部峡谷鉄道による宇奈月温泉の開発，長野電鉄による志賀高原の開発，富士山麓電気鉄道（現在の富士急行）による富士五湖開発など枚挙にいとまがありません．

　1950年代以降になると，交通網の整備と観光地・観光開発はさらに密接に結びつくようになっていきました．例えば，1961年12月，伊豆急行が伊東から伊豆急下田までで開通し，東京から熱海を経由して直接国鉄（現在はJR）伊東線に乗り入れて，伊豆急下田まで直通運転が実現しています．その結果，伊豆半島の観光開発が急速に進み，観光者の入込数を大幅に増やすことに貢献しました．また，1970年に行われた近畿日本鉄道の宇治山田から鳥羽経由での志摩半島の賢島までの開通は，名古屋，大阪，京都からの伊勢志摩地域来観者の大幅な増加をもたらすことになりました．

　また，観光地への輸送シェア争いや観光開発では複数の鉄道会社が競い合うこともありました．有名な事例として，第二次世界大戦後に西武鉄道と小田急電鉄の間で行われた箱根をめぐる競争がありました．20年以上にわたって繰り広げられ，箱根山戦争と呼ばれることもあります．伊豆半島でも伊豆戦争と呼ばれる輸送シェアと観光開発の歴史がありました．

　このように鉄道にとって観光者の輸送は大きな意味をもつことからも，観光開発は重要な役割を果たしてきたことがわかります．

1.3　観光者の鉄道利用を増やすためのお得な切符の発売

　鉄道会社にとって，観光者の乗車を促進することが重要な課題です．こうした課題に対応するためにさまざまな施策を行っていますが，例えば鉄道各社が販売している「お得な切符」もその中の1つです．

　JR各社が発売しているものでは，JR西日本の「ぐるりんパス」やJR東海の「フリーきっぷ」などがあります．例えば「ぐるりんパス」は，目的地までの往復のJR券，周遊区間内で指定する路面電車やバス・観光船などの交通機関が乗り放題になっています．また，「きっぷ」の提示で，指定の観光施設で入場または割引がされるなどの特典がついています．そのため，利用範囲内で自由な旅を組み立てることができるものです．JR西日本沿線の主要な観光地に関するものが発売されており，例えば，「金沢・加賀・能登ぐるりんパス」，「城崎温泉・天橋立ぐるりんパス」などがあります．旅行会社のツアー商品との相違点は宿泊施設が組み込まれていない点です．

同様なものは私鉄各社でも販売されており，例えば近畿日本鉄道の「まわりゃんせ」や東武鉄道の「まるごと日光・鬼怒川　東武フリーパス」などがあります．

1.4　観光列車とクルーズ列車

観光列車には，一般車両と異なる観光者を対象としたものと，クルーズ列車があります．ここでは前者を観光列車と呼ぶことにします．

1.4.1　観光列車

観光列車とは，目的地への移動手段や車窓からの景観を楽しむという機能とともに，列車そのものの魅力も含めて観光者を鉄道に誘導する目的で作られたものです．

例えば JR 西日本のホームページを見ると，「etSETOra（エトセトラ）」，「○○のはなし」，「花嫁のれん」など 10 種類，また観光列車で有名な JR 九州でも，「特急 ゆふいんの森」，「特急 A列車で行こう」，「或る列車」など 10 種類の観光列車が詳しく紹介されています．

私鉄に目を向けると，例えば近畿日本鉄道には，通常の特急列車の他に，観光特急として，「しまかぜ」や「青の交響曲」などがあります．また，東武電鉄も，観光客を主なターゲットとした新型特急「スペーシア X（エックス）」を 2023 年 7 月から，浅草―日光・鬼怒川方面に走らせています．

1.4.2 クルーズ列車

近年大きく脚光を浴びているのがクルーズ列車です．現在日本には3種類のクルーズ列車があります．それは，JR九州の「ななつ星in九州」，JR東日本の「TRAIN SUITE 四季島」，JR西日本の「トワイライトエクスプレス瑞風」です．これらはいずれも，基本的に，一泊二日または三泊四日などの宿泊を伴う周遊で運行されていています．日本の鉄道に，クルーズ列車という新たな概念を導入した点で画期的なものといえます．

なお，JR西日本にはクルーズトレインの廉価版ともいえる「WEST EXPRESS 銀河」があります．「気軽に鉄道の旅を楽しめる列車」をコンセプトとし，上述の3列車とくらべ，比較的カジュアルな列車として運行されています．

こうしたクルーズ列車の登場によって，鉄道を観光資源としてとらえる視点は，今後ますます重要になってくると考えられます．

2. 観光とケーブルカー，ロープウェイ，登山列車

ここでは山岳の急斜面などを上り下りするケーブルカー，ロープウェイ，登山電車をまとめて取り扱います．ケーブルカーとロープウェイは，いずれも鉄道法上は鉄道として取り扱われています．これらはいずれも世界中で山岳地などでの観光地へのアクセスツールとして使われることが多いため，通常の鉄道とは別にここで説明することにします．

2.1　ケーブルカー

ケーブルカーは山岳の急斜面などを，ケーブル（鋼線）が繋がれた車両をウインチ等で巻き上げて運転するものです．

日本初のケーブルカーは，1918 年に開業した生駒鋼索鉄道（現在の近鉄生駒鋼索線）です．近鉄生駒駅に隣接する鳥居前から生駒山上まで約 2 km をケーブル線で結んでいます．通勤・通学にも利用されていますが，生駒山は，明石海峡大橋や関空まで見渡せる景色，特に夜景が人気です．また，山上には生駒山上遊園地があります．また六甲ケーブルカー，叡山ケーブル，箱根登山ケーブルカーなどがあります．

2.2　索道（ロープウェイとゴンドラ）

索道は谷や山の急斜面などに支柱を立てて，空中に鋼製ロープなどを張り，これに運搬器をつるして旅客・貨物を輸送するものです．ロープウェイとゴンドラがあり，ロープウェイは空中に渡してある線路のレールのような太いロープ（支索）があり，そこに乗客の乗る箱がぶら下げられています．そしてその箱を曳索という支索よりも細いロープで引っ張っているものです．一方，ゴンドラは支索と曳索が一本にまとまった太いロープに箱を固定して動かしています．スキー場などでよくみられるリフトもこの方式です．

ロープウェイやゴンドラは，ケーブルカーにくらべ建設の際に地形からの影響を受けにくく，また圧倒的に工事費用が低廉で済むということから，近年新設されるものの多くはケーブルカーではなくロープウェイです．

現存する日本最古（1929 年開業）のロープウェイは吉野ロープ

ウェイで，2012 年 7 月には，その歴史的価値が認められ，「機械遺産」にも認定されました．新穂高ロープウェイ，箱根ロープウェイ，谷川岳ロープウェイ，蔵王ロープウェイなど名だたる観光地に設置されています．

　近年では都市型ロープウェイと呼ばれる都市内交通機関として活用されているものもあります．海外では比較的よく見られますが，日本には，「YOKOHAMA AIR CABIN（ヨコハマ エア キャビン）」があります．実用的な都市部の交通手段として利用されるとともに，観光目的で利用されることも多く，今後このような形での活用も増えてくるのではないかと考えられています．

2.3　登山電車

　登山電車は山のふもとから，中腹や頂上まで通じる登山用の鉄道で急峻な山岳の勾配を登り降りするものです．スイスを中心にヨーロッパ各地で観光用として運行されています．それらの多くは路線の全部または一部分でラック式といわれる，2 本のレールの真ん中に歯状レールを敷き，それに機関車の床下に設けられた歯車を噛み合わせ，急こう配の線路を登り降りする方式を採用しています．

　日本で唯一このラック式を採用しているのが大井川鐵道井川線の一部区間です．

　日本で最も有名な登山鉄道は箱根登山鉄道です．箱根湯本から強羅までの 8.9 km を約 40 分かけて走る日本で有数の本格的な山岳鉄道です．80‰（パーミル）の勾配（1,000 m 走る間に 80 m 登る）を走行する粘着式鉄道（普通の鉄道方式）です．3 か所のスイッチバッ

ク（鉄道車両の登坂能力を大きく超える急こう配に対し，ジグザグ状に線路を敷いてこう配を軽減し，列車を進行，退行させながら坂を登っていく方式）走行も行っています.

　大観光地箱根の山間地を走る，箱根にとって必要な輸送機関であるとともに，観光資源としてもなくてはならないものになっています.

2.4　世界遺産としての鉄道

　世界遺産は，地球の生成と人類の歴史によって生み出され，過去から現在へと引き継がれ，そして私たちが未来の世代に引き継いでいくべきかけがえのない宝物のことです.

　世界遺産として登録されている鉄道には，スイスのレーティッシュ鉄道アルブラ線・ベルニナ線，オーストリアのゼメリング鉄道，インドの山岳鉄道群，ハンガリーのブダペスト地下鉄1号線，イラン縦貫鉄道があり，観光対象としても注目されています.

　日本には世界遺産登録されている鉄道はありませんが，スイス，オーストリアの両鉄道は日本人観光者にとっても大変魅力的で，毎年多くの人が観光で訪れています.

3．観光旅行における利用交通手段

　人の移動は，観光を成立させる基本的な要素であるため，そこに交通手段が必要となります. 交通機関には，鉄道，自家用車，航空機，バス，船舶等があります. 明治時代以降，交通の発達は，鉄道が中心的な役割を担ってきました. 観光の視点から眺めてみても，

大量輸送が可能な鉄道が重要な地位を占めていました.

観光旅行における利用交通機関について日本観光振興協会による「観光の実態と志向」の調査をもとに,経年的に眺めてみることにしましょう. 1964 年の調査によると,宿泊観光旅行での利用交通手段は,鉄道 72.8%,バス 44.0%,自家用車 8.0%,航空機 2.1%,船舶 10.4%,レンタカー・タクシー 1.7% でした. つまり,鉄道での移動が圧倒的に多数を占めていたことがわかります. 1964 年は東海道新幹線が開業した年でもあり高速大量輸送が確立された時代であったといえます.

しかし,1970 年代後半頃からは,自動車交通の進展や高速道路網の整備や自家用車の大衆化に伴って,鉄道の観光に対する役割は徐々に自動車に奪われ,その役割は低下していきます.

1986 年の調査では,初めて自家用車の利用が鉄道を上回り,鉄道 36.5%,バス 40.5%,自家用車 40.6%,航空機 6.5%,船舶 7.7%,レンタカー・タクシー 13.5% という結果になりました.

2002 年の調査では,鉄道 27.2%,バス 27.4%,自家用車 53.5%,航空機 11.1%,船舶 3.4%,レンタカー・タクシー 7.9% でした.

このように日本の観光市場における交通機関の利用動向は,鉄道が伸び悩み,船舶が減少する中で,自家用車の利用が,高速道路網の整備や自家用車が手軽に買えるようになったことなどを追い風に大きく伸びてきたことがわかります.

一方,コロナ禍前の 2018 年度の宿泊観光旅行における利用交通手段は,鉄道 45.7%(JR 33.1%,私鉄 12.6%)が最も高く,自家用車 42.3%,飛行機 16.5%,路線バス 9.0%,貸し切りバス 7.8% と

続き，鉄道の復調がみられます．調査項目の変更などの影響を受けており単純にそれまでのデータと比較することはできませんが，新幹線網の整備や鉄道会社の経営努力などで，鉄道需要一定の回復を見せている状況がうかがえます（令和元年度版「観光の実態と志向」日本観光振興協会）．

4. 飛行機と観光

4.1 観光者の航空機利用

LCC の登場によって観光者にとって航空機はより身近なものになりました．

コロナ禍前の 2018 年度航空旅客動態調査（国土交通省）によると，国内線利用者で平日 36.5%，休日 50.0%，また国際航空旅客動態調査（国土交通省）によると，国際線利用者の旅行目的の 53.9%が観光・レジャーでした．

またの LCC 利用者の意識と行動調査 2017（JTB 総研）によると，LCC 利用者の 78.9%が観光目的であることがわかります．

もともと，航空機利用では，観光目的のものがかなりの割合を占めてきましたが，国内線においては，LCC が登場したことで，さらに大きく観光需要が伸びたことがうかがえます．国際線，特に近距離国際線においても同様な現象が起きているものと考えられます．

このように現状において，航空機需要は大きく観光に依存しており，観光者の取り込みは航空会社にとって重要な課題であるといえます．

4.2 航空会社の観光客向け施策

4.2.1 ホームページでの観光情報の提供

航空各社にとっても，観光者を取り込むということは重大な課題です．航空会社の HP には，観光者に搭乗してもらうためのさまざまな工夫がされています．そこでは多くのツアー情報や就航先の現地観光情報の提供が行われており，観光者が重要な顧客であるということがよくわかります．

4.2.2 観光者向けの運賃

観光者を主な対象とする料金設定などさまざまな施策を行っています．その中に，「個人包括旅行運賃」があります．これは宿泊を伴うパッケージツアーを造成する時に適用することができる運賃であって，航空会社から旅行会社に販売されるものです．個人で購入することはできませんが，通常比較的安価で販売されておりパッケージツアーを利用する観光者には恩恵があります．

4.3 航空会社が行っているさまざまな利用してもらうための工夫

航空各社間の競争，国際間競争が激化する中で，さまざまな取り組みをすることで，運航の効率化や，顧客の確保を目指しています．ここでは，実際に行われているさまざまな施策について取り上げ説明することにします．

4.3.1 FFP（Frequent Flyer Programmes）

FFP は，マイレージプログラムとも呼ばれています．会員制で，常連の顧客に，利用搭乗距離に応じて無料航空券やアップグ

レードなどの特典を提供するサービスのことです。

　日本航空（ＪＡＬ）は JAL マイレージバンク，全日空（ANA）は ANA マイレージクラブを組織化し運営しています。会員には先に書いた特典の他，搭乗距離などに応じたステイタスが与えられ，ステイタスに応じた特典が付与されるとともに，後で述べる航空アライアンスのステイタスが付与されることも多く，同一アライアンス加盟航空会社で通用する，幅広い特典を利用することができます。

　これらは，航空会社にとっては顧客の囲い込みを目的にしていますが，乗客からすると同じ航空会社を使うことで，多くの便宜が提供されるため大変満足度が高いといえます。

4.3.2　航空アライアンスとコードシェア・共同事業

　航空会社は，① コードシェア便の活用などを含めたネットワーク拡充，② 共通ターミナルの使用による利便性向上，③ FFP 提携による競争力向上，④ 空港ラウンジなどの施設の共同確保，⑤ 機内サービス用品，航空燃料などの共同購入によるコスト削減などを目的に航空会社間で航空アライアンスを組織しています。

　三大航空アライアンスと呼ばれているのは，「スターアライアンス」，「ワンワールド」，「スカイチーム」で，世界の大手航空会社を中心に編成されています。日本の航空会社では JAL がワンワールド，ANA がスターアライアンスに加入しています。

　また，アライアンスの枠を超えたコードシェアも盛んに行われるようになり，さらには，共同事業（ジョイントベンチャー）と呼ばれる提携形態があります。これは，複数の航空会社がコードシェア便の運航，共同運賃の設定，共同マーケティング，共同サービスを

提供することで，利用者にとっても共通の運賃で渡航できる，マイルが同等の加算率で加算される，乗り継ぎが便利になる，ラウンジのサービスを受けることができるなどのメリットをもたらしています．

5. 客船と観光

5.1 日本における客船の現状

かつて客船は国際間の旅客輸送の花形でした．しかし，1960 年代以降にジェット旅客機が主要航空路線に登場し，高速大量輸送が実現し，航空機による海外渡航が一般化したため，世界的に国際定期航路の旅客輸送需要は激減し，韓国航路など数航路を残すのみとなりました．

国内的に見ても，日本は島嶼国であるため，客船は人々の生活，観光等の移動に欠かすことのできない存在でした．こうした状況に大きな変化をもたらしたのが連絡橋や海底トンネルによる道路や鉄道の敷設でした．特に象徴的なのは，青函トンネルや本州四国連絡橋による道路・鉄道ルートの新設です．その結果，青函連絡船や瀬戸内海の多くの連絡船が姿を消し，あるいは規模の縮小を余儀なくされました．

また，中長距離路線はスピードに勝る飛行機に取って代わられました．

『フェリー・旅客船ガイド 2016 年秋季号 (最終号)』によると，日本で運航されている長距離・幹線航路として分類されるものが 20 航路でしたが，それらすべてがフェリーとして運行されており

純粋な客船はありません．中短距離航路は全国で 268 航路で，最も多いのが瀬戸内海航路ですが，客船の他，フェリー，貨客船での運航もあり，その規模は縮小傾向にあります．

5.2　長距離フェリー

長距離航路はフェリーとして運航されています．一般社団法人日本長距離フェリー協会によると，現在（2023 年 11 月）運航され

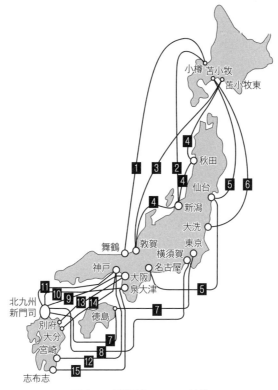

図 3-1　長距離フェリー航路
出所：日本長距離フェリー協会パンフレット．

ているものとしては，東京から徳島経由北九州と茨城県大洗から北海道に向けた2航路，名古屋からは仙台経由苫小牧までの1航路，大阪・神戸からは九州方面に7航路があります．日本海側には舞鶴，敦賀，新潟，秋田，小樽を結ぶ4航路に加え，2021年7月に「横須賀（神奈川）—新門司航路」が開設され，長距離フェリーの航路は15航路となりました．

　最新鋭のものが多く，客船にも匹敵するほどの豪華な船内施設を備えていることから，最新のフェリーは動くホテルともいわれます．船旅を楽しむ観光者の利用も多く，観光での移動手段として，また観光資源的な性質も持ちあわせて重要な役割を果たしています．

5.3　遊覧船

　純粋な観光資源でもある遊覧船は，上述の資料には，全国182航路が記載されていました．鳴門の渦潮遊覧船，網走流氷観光砕氷船おーろら，小樽運河クルーズ，箱根芦ノ湖遊覧船など，近海・運河・湖などで景勝地をめぐっています．

5.4　川下り遊覧船

　上述した遊覧船の一種ですが，ここで取り扱う川下りは，船頭の操る小舟に乗って川を下り，周囲の景色と船頭らの話やパフォーマンスを楽しむタイプのものです．また，川の瀬の部分ではスリルを味わうこともできます．天竜川の天竜ライン下り・天竜川和船下り，保津川の保津川下り，球磨川の球磨川下りなどが有名です．

5.5　クルーズ船

クルーズは単なる移動手段ではなく，周遊型の船旅を行いながら，乗船体験自体を楽しむとともに，寄港地の周辺の都市や観光地などエクスカーション（小旅行，観光）で回るものです．世界一周クルーズから近海クルーズまでさまざまなコースを周回します．

クルーズ船にはサービスレベルによるいくつかのカテゴリーがあり，一般的には，カジュアル／スタンダード船，プレミアム船，ラグジュアリー船の三種類に分類されています．また周遊範囲によって世界一周クルーズ，地中海・エーゲ海クルーズ，カリブ海クルーズなどから日本近海クルーズに至るまでさまざまなクルーズが展開されています．

海外のクルーズ会社では，プリンセスクルーズ（アメリカ），カーニバルクルーズライン（アメリカ），コスタ・クルーズ（イタリア），MSC クルーズ（イタリア），ロイヤル・カリビアン・インターナショナル（アメリカ），ジャンクルーズ（ノルウェー）などが有名です．

現在（2023 年 11 月）日本で登録されているクルーズ船は，郵船クルーズの「飛鳥II」，商船三井客船の「にっぽん丸」の 2 隻です．また，日本を発着点として就航している外国籍のクルーズ船もあり，プリンセスクルーズの「ダイヤモンド・プリンセス」や MSC クルーズの「MSC ベリッシマ」（2023 年度実績）などが有名です．

クルーズ船は客席数が多いものが多く，一度の寄港で多くの観光者が来訪します．そのため寄港地ではエクスカーション，ショッピングなどで一定の経済効果を得ることができます．クルーズ船の寄港誘致が地域の課題となっています．

5.6 リバークルーズ

リバークルーズは，特にヨーロッパで多くみられ，ライン川，ドナウ川，マイン川，モーゼル川，セーヌ川，ローヌ川，ドロウ川などで実施されています．リバークルーズは，文字通り川を行くツアーですが，川を数日かけて航行し，川沿いに発展した歴史ある街々をエクスカーションで回る行程になっていることがことが多いです．

日本にもリバークルーズと称されているものはありますが，それらはほぼ，短時間で川を往来する遊覧船で，ヨーロッパなどで多く見られるものとは性質が異なります．

5.7 レストラン船とレストランクルーズ

レストラン船は，出航地と帰港地が同じで，本格的なレストランを備え，洋上の眺望を得ながらレストランでの食事や喫茶を楽しむという目的に特化した客船のことを言います．

通常の営業としてランチクルーズ，アフタヌーンクルーズ，サンセットクルーズ，ディナークルーズなどを行うとともに，パーティや船上ウエディングなどに利用されることもあります．

代表的なものとして，ルミナス神戸2（神戸港），コンチェルト（神戸港），シンフォニーモデルナ（東京港），マリーンルージュ（横浜港），などがあります．

おわりに

交通機関は，観光という人間の行為にとって欠くことのできない

移動手段であるとともに，また輸送機関側からすると観光者の移動が会社の収益に大きくかかわります．そこで，観光者の誘客に積極的に取り組むために，いろいろな工夫を施しています．さらに，鉄道をはじめさまざまな交通機関が観光の対象として成立している現状についても説明しました．これからも観光的視点から交通機関を考察するように努めてください．

参考文献

谷口知司編著（2010）『観光ビジネス論』ミネルヴァ書房.

谷口知司・福井弘幸編著（2020）『ひろがる観光のフィールド』晃洋書房.

谷口知司・福井弘幸編著（2017）『これからの観光を考える』晃洋書房.

国土交通省　鉄道輸送統計調査「鉄道輸送統計調査月報」.

JR おでかけネット（https://www.jr-odekake.net/）.

一般社団法人日本長距離フェリー協会 HP（http://www.jlc-ferry.jp/kouro.html）.

＊本文中に取り扱った交通機関等の HP は適宜参考していますが，数が多いため記載していません.

コラム　電車の線路幅から考える鉄道事情

　電車の線路幅は軌間とも呼ばれ，鉄道の線路を構成する左右のレールの間隔（より正確には左右のレール内側面の距離）のことです．この線路幅が，1,067，1,372，1,435 mm などいろいろあることを知っていますか。考えたこともないという人も多いのではないでしょうか.

　日本では，JR 在来線や多くの私鉄（関西では南海，近鉄の一部）が 1,067 mm，新幹線と JR 在来線のうちの一部区間（ミニ新幹線区間）のほか，一部の私鉄（関西だと，近鉄の大半，阪急，京阪，阪神など）が 1,435 mm，京王電鉄や都電荒川線，東急世田谷線などが 1,372 mm になっています．1,435 mm を「標準軌」と呼び，それより狭い幅の線路を「狭軌」，広い幅を「広軌」と呼びます（日本では標準軌のことを通常，広軌と呼びます）．1,435 mm は 1,067 mm にくらべ 1.34 倍の線路幅になっており，目視ではっきりとその差を確認することができます.

　日本は最初の鉄道建設時に，狭軌である 1,067 mm を採用しています．なぜ日本で狭軌を採用したのかについてはいろいろな理由があるようですが，一説には日本が当時，鉄道建設で指導を仰いだイギリスで狭軌ブーム起こっていたことや，狭軌は，より急なカーブを敷設できたり，用地買収のコストが少なくすみ，急ピッチで鉄道建設を進めていくのに適切であるとの判断があったといわれています.

　ところで，日本の鉄道は国有鉄道（国鉄）でつくることが原則でしたが，それだけでは鉄道整備が追い付かず，結果として多くの私設鉄道を認可することになりました．また，1887 年に制定された「私設鉄道条例」で，私設鉄道のレールの幅は 1,067 mm にすることが法律で決定されており，この規定は 1900 年に施行された「私設鉄道法」でも受け継がれました．こうした経緯の中で全国の主な幹線は私鉄として建設されました.

　1906 年には「鉄道国有法」が成立し，計 17 社の私鉄を国が買収し国有化することになりましたが，私設鉄道条例や私設鉄道法によって，各社ともレールの幅が一緒だったため，列車の運転に特に大きな問題は起きませんでした.

　その後 1919 年に「地方鉄道法」が，日本の鉄道を建設，運営するため
の法律として成立していますが，そこでも線路の幅は 1,067 mm であるこ
とと決められていました.

　こうした中，日本初の標準軌を都市間路線に採用したのが，今の阪神
電車です．地方鉄道法がある中で，どうして標準軌の鉄道を作ることが
できたのかというと，狭軌規程がなかった軌道法によって開業させたの
です．軌道法とは，路面電車を建設，運営するための法律で，法律を所轄
する省庁も異なっていました．つまり，路面電車 (ただ「少しでも道路に
接すればよい」という解釈で，最終的に路線の大部分は普通鉄道と同じ専用軌道区
間) として開業させたのです．その後，多くの鉄道会社が軌道法を根拠に，
標準軌を採用することになりました.

　標準軌の最大の利点は，高速運転の安定性です，日本も高速鉄道時代
に入り，新幹線では標準軌を採用していますが，線路幅が異なるため，
国鉄 (現在の JR) の在来線への乗り入れができません.

　ただ，世界的に見れば高速鉄道の在来線乗り入れは決して珍しいことで
はありません．ヨーロッパの中央駅 (主要駅) では，高速鉄道と在来線が
隣り合わせのホームで停車しています．ヨーロッパの高速鉄道の多くは，
高速鉄道新線として建設された路線と，既存線を高規格改良した路線か
らできており，中央駅への乗り入れは後者で行われています．これは，
多くのヨーロッパの鉄道が日本とは異なり標準軌で建設されているから
可能になったのだといえます.

　実は，こんなところからも鉄道建設の歴史や思想を眺めることができる
のです.

谷口知司

第4章
観光と宿泊業

ここでは，宿泊業について，旅館やホテルの成り立ち，法律的な位置づけ，ホテルの種類，宿泊業の現状などの項目について学びます.

1. 宿泊業の成り立ち

日本における旅館とホテルの歴史について概観することにします.

1.1 旅館

江戸時代以前の旅では，旅人が米を持参し，薪代を払って自分で米を炊くか，または炊いてもらうことが一般的でした. つまり，「薪の木の代金（賃)」を払う宿としての木賃宿が主流でした. 寝具も自己負担が珍しくなかったようです.

江戸時代になり，料理を提供する「旅籠」が庶民の中でブームになりました.「旅籠」は，江戸幕府と京都をつなぐ東海道，中山道などの五街道を中心に存在しました. また，温泉地，湯地場には温泉宿もありました. 日本の旅館はこの旅籠が発展してきたため，現在でも原則「一泊二食付き」となっています.

1.2　ホテル

　江戸時代末期から明治にかけて来日外国人が増え始めたことで，外国人向けのホテルが必要になりました．1868年に日本で初めて東京の築地に築地館が開業しました．その後，1873年に日光金谷ホテル，1878年に富士屋ホテル1890年に帝国ホテルなどが次々にオープンし日本のホテル時代が始まりました．

　その後，1964年の東京オリンピック開催に向けて一気にホテル建設ラッシュとなりました．その時期に外資系シティーホテル（後述）として東急電鉄とヒルトンインターナショナルと提携し，1963年に東京ヒルトンホテルがオープンしました．しかし，当時日本の地価が高かったことから外資系ホテルの進出は増えませんでした．外資系ホテルが進出してくるのはバブル経済が崩壊した1990年代になってからになります．

　また，1960年から1970年にかけて大阪万国博覧会や，札幌冬季オリンピックなどの国際的なイベントが地方都市でも開催され，シティーホテルの整備が全国の主要都市で行われ1971年には超高層階ホテルのはしりである京王プラザホテルが開業しました．1980年代からはリゾートブームやバブルよるブームが起こりました．

　1980年代に入ると，東京ディズニーランドが1983年に開園したのを受けて1986年から東京ディズニーランドオフィシャルホテルが開業しました．さらに都心部に高級ホテルが次々と開業していきました．1990年代に入り，外資系ホテルの進出が相次ぎました．また，中級ホテル，エコノミーの誕生とJRグループのホテル建設などが本格化しました．

2．旅館業法の改正

旅館とホテルについては，旅館業法によって定められています．2017年まで旅館とホテルは分離して定義さられていました．そこではホテルは「洋風の構造を主とする設備を設け」たものであるのに対し，「旅館」は「和風の構造を主とする設備を設け」たものであるとされていました．近年，旅館とホテルで，設備上の大きな差がなくなってきていることもあって，2018年に旅館業法が改正され，法律上は，「旅館・ホテル営業」に統合して考えられるようになりました．

また，運用面において規制が強化されました．営業者への都道府県知事の立入調査権，報告徴収の権限が付与されました．今までは，無許可営業に対して，行政権ではなく刑事罰に基づいて警察が取り締まっていました．無許可営業の罰金に対しても3万円から法改正後は100万円に引き上げられています．規制が強化された理由は，住宅宿泊事業法（民泊新法）の制定にあります．ある一定の日数（180日）の制限を受けて，旅館業法と同じサービスを住宅で行えることを規定した法律です．日数制限を守らない場合，旅館業法の無許可営業として扱うため旅館業法の改正と民泊新法制定が同時に行われました．

3．住宅宿泊事業法の制定

2018年に住宅宿泊事業法（民泊新法）が成立しました．住宅

宿泊事業法では住宅宿泊事業を行おうとする者は，自治体に届け出を出して自治体の監督を受けることで，住宅で宿泊業を行うことができます．これらを通常，民泊と呼んでいます．

民泊は住宅地に位置することも多く，近隣住民とのトラブルが起きたり，安全，衛生面での懸念がありました．法律がつくられた目的は，こうした民泊の安全，衛生面の確保と騒音などのトラブルに対応するためです．なお，民泊の主なルールとして，宿泊提供は年間180日以内であること，最低床面積3.3 m^2 /1人，虚偽の届け出があった場合の罰金100万円などがあります．

4．住宅宿泊業者の分類

住宅宿泊業者（民泊の経営者）には，次の2種類があります．

4.1　家主居住型

事業者が自ら居住している住居を一部提供する仕組みのことです．宿泊者の宿泊期間中，事業者が住宅を管理します．

4.2　家主不在型

届け出住宅に宿泊者が滞在する間，事業者が不在の場合は，事業者は住宅の管理業務を委託することが義務づけられています．

5．ホテルと旅館のサービスの違い

ホテルと旅館のサービスの違いは，以下の点（**表** 4-1 参照）があります．

表4-1　ホテルと旅館のサービスの違い

ポイント	ホテル	旅　館
客室の使用	洋室が多い	和室が多い
入室の仕方	靴を履いたまま	靴を脱ぐ
ライフスタイル	テーブル，椅子，ベッド	畳，座卓，布団
食事の希望	選択可能	2食付き
料金形態	宿泊費のみ，食事別	1泊2食込み
客室店員	シングル，ツイン中心	2名以上，大人数 OK
中居・サービス	いない	いる
浴室	客室にバス，トイレ	大浴場が中心
プライバシー	完全に確保	中居，布団係が入室
門限等	深夜の出入り可	門限あり
館内でのマナー	部屋以外ではスリッパ浴衣不可	浴衣でどこでも OK

出所：中村恵二・榎木由紀子（2022）『最新ホテル業界の動向とカラクリがよ～くわ
　　　かる本〔第4版〕』秀和システムを基に筆者が加筆した．

6．ホテルの種類とそれぞれの特徴

ホテルの分類にはいろいろな分け方がありますが，ここでは，
「シティホテル」「ビジネスホテル」「リゾートホテル」「複合型ホテ
ル」「エコノミーホテル」に分類して考えます．
　それぞれのホテルを，その立地，価格帯，特徴から分類すると
以下の表（**表** 4-2 参照）のようになります．

表 4-2　主なホテルの各業態の立地・価格帯とその他の特徴

ホテルの種類	立　地	価格帯	特　徴
シティホテル	大都市中心部	最高級〜中間	大規模，豪華国際水準
ビジネスホテル	都心部駅前中心	中間〜エコノミー	ビジネス向け機能，コンパクトな整備
リゾートホテル	行楽地，保養地	高級価格帯	保養と観光，娯楽目的に対応
複合型ホテル	都市部，行楽地	最高級，高級	テーマパーク，ショッピング施設と複合
エコノミーホテル	都市部駅周辺	低価格帯	無駄なく宿泊機能に徹底

出所：中村恵二・榎木由紀子（2022）『最新ホテル業界の動向とカラクリがよ〜くわかる本〔第 4 版〕』秀和システム，p. 107.

7.　旅館・ホテルの施設数と部屋数とその推移

　日本の宿泊施設は歴史的にみても旅館を中心に推移してきました．2008 年までは，旅館の部屋数がホテルの部屋数を上回っていましたが，旅館施設の減少傾向にある中，ホテルの増築が続き2009 年にホテルの部屋数が旅館の部屋数を上回る結果となりまし

表 4-3　ホテル・旅館施設数推

年　度	ホテル営業		旅館営業	
	施設数	客室数	施設数	客室数
2017 年	10,402	907,500	38,622	688,342
2015 年	9,967	846,332	40,661	701,656
2013 年	9,809	827,211	43,363	735,271
2011 年	9,863	814,355	46,196	761,448
2009 年	9,688	798,070	48,966	791,893
2007 年	9,442	755,943	52,295	822,568
2005 年	8,990	698,378	55,567	850,071
2003 年	8,686	664,460	59,754	898,407
2001 年	8,363	637,850	63,388	934,377

出所：http://www.c-online.net/data/hotel/2022.html

た．旅館施設は 2001 年から 2017 年の間で，2 万 4,766 施設減少しているのに対し，ホテルは，2,039 施設増加しています（**表 4-3** 参照）．ホテルが急成長した理由は，ライフスタイルの洋風化やスピードを求めるビジネス客の増加，団体旅行から個人・ファミリー旅行への移行，さらに 2010 年代になり，外国人への入国制限の緩和がされたことも影響したと考えられます．

8．コロナ禍による宿泊施設の変化

　コロナ禍において，ビジネスホテルやリゾートホテルの部屋数と施設数は大きく増加しています．これは，GoTo キャンペーンや全国旅行支援を活用し，リモートワークの浸透による連泊ビジネス利用，リゾート地でのホテル暮らし需要など，新たな需要が生まれた結果と考えられます．

表4-4　各カテゴリー施設数推移表

	ビジネスホテル	旅 館	シティホテル	リゾートホテル
2022 年 7 月	8,636	13,798	1,149	1,663
2023 年 7 月	8,734	13,829	1,140	1,714
増減率	+1.13%	+0.22%	▲0.78%	+3.07%

出所：Hotel Bank「日本全国ホテル展開状況（2023 年 7 月現在）」(https://hotelbank.jp/hoteldata/japan-hotel-information-202307/).

表4-5　各カテゴリー部屋数推移表

	ビジネスホテル	旅 館	シティホテル	リゾートホテル
2022 年 7 月	815,522	240,351	193,037	127,149
2023 年 7 月	832,305	240,775	194,878	129,763
増減率	+2.05%	+0.18%	+0.95%	+2.06%

出所：Hotel Bank「日本全国ホテル展開状況（2023 年 7 月現在）」(https://hotelbank.jp/hoteldata/japan-hotel-information-202307/).

また，旅館も部屋数と施設数がわずかに増えています．これは，伝統的な宿泊施設への需要が安定していることや，訪日外国人観光客の「コト消費」による観光消費の変化による一因とも考えられます．また，インバウンドをターゲットにしたホテルスタイルのビジネスモデルの拡大が顕著であるため，ホテルの成長率が高いといえます．

シティホテルの施設数は若干減少し，部屋数のみが増加しています．これは，独立系ホテルや阪神阪急ホテルズでのまとまった閉館が影響しているとされます．

おわりに

コロナによる規制緩和により 2023 年からインバウンドが回復に向かっています．しかし，現在観光地を悩ませている問題が人手不足です．

多くの従業員が，コロナ流行の影響で休業を強いられた観光業・宿泊業では，解雇や雇止めが相次ぎました．そのため多くの人が宿泊業を去りました．

そこで，新たに観光業，宿泊業界では活躍できる人材の育成が求められています．インバウンドの回復に伴って，ホテルの増築が相次ぎ，ホスピタリティ能力を持った外国人留学生が観光業・宿泊業の担い手として期待されています．

参考文献

谷口知司編著（2010）『観光ビジネス論』ミネルヴァ書房.

谷口知司・福井弘編著（2020）『ひろがる観光のフィールド』晃洋書房.

谷口知司・福井弘編著（2017）『これからの観光を考える』晃洋書房.

中村恵二・榎木由紀子（2022）『最新ホテル業界の動向とカラクリがよ〜くわかる本【第4版】』秀和システム.

Cleaning Online（http://www.c-online.net/data/hotel/2022.html）2023年11月17日取得.

Hotel Bank「日本全国ホテル展開状況（2023年7月現在）」（https://hotelbank.jp/hoteldata/japan-hotel-information-202307/）2023年11月17日取得.

minpaku 民泊制度ポータルサイト「住宅宿泊事業法（民泊新法）とは？」（mlit.go.jp）2023年11月17日取得.

第5章
観光と観光施設

　第4章では，宿泊業（施設）について取り上げました．宿泊施設は広い意味でとらえると観光施設なのですが，ここでは後で説明する観光施設財団抵当法の観光施設の定義に倣い，宿泊施設を除いた観光施設を取り上げることにします．

　本章では，まず「観光施設」とは何かということについて考えます．その上で，事例として博物館，美術館，動物園，水族館，スキー場，温泉，テーマパーク，タワーなどを取り上げることで観光施設について学びます．

1．観光施設の定義

　観光施設財団抵当法（1968年制定）の第2条では，観光施設とは，「観光旅行者の利用に供される施設のうち遊園地，動物園，スキー場その他の遊戯，観賞又は運動のための施設であって政令で定めるもの（その施設が観光旅行者の利用に供される宿泊施設に附帯して設けられている場合にあっては，当該施設及び宿泊施設）」とされています．この定義の例示の中には博物館や美術館が含めれていませんが，鑑賞のための施設でもあり，近年では博物館等の観光的役割が重視されるようになってきていますので，ここではこれらについても観光施設として取り上げています．

2. 博物館

博物館は，本来的には，博物館法第2条に定められているように，「歴史，芸術，民俗，産業，自然科学等に関する資料を収集し，保管（育成を含む. 以下同じ.）し，展示して教育的配慮の下に一般公衆の利用に供し，その教養，調査研究，レクリエーション等に資するために必要な事業を行い，あわせてこれらの資料に関する調査研究をすることを目的とする機関」と定められています. つまり，一定のルールに従って，資料収集・保存，調査研究，展示，教育普及などを一体的に行う施設であるとともに，そこに所蔵されている実物資料をとおして人々の学習活動を支援する社会教育施設としても，重要な役割を果たしています.

博物館には，総合博物館，科学博物館，歴史博物館，美術博物館，野外博物館，動物園，植物園，動植物園，水族館などがありますが，ここでは，総合博物館，科学博物館，歴史博物館までを博物館として取り扱います.

ところで，近年では博物館の観光施設としての側面がクローズアップされることが多くなってきました. 英国を訪れた観光者が大英博物館（ロンドン）をその見学コースに入れることは珍しいことではありませんし，日本でも東京国立博物館や国立科学博物館（いずれも東京）を訪れる観光者は少なくありません.

博物館の観光的側面がいつごろから注目を浴びるようになったのかを定かにすることはむずかしいのですが，博物館の展示物が持つ歴史的価値や希少性，そしてそれらが放つオーラなどは，やは

り観光の対象としては魅力的ですし，その非日常的空間に身を置くことや，そこでの文化的・科学的な学習体験は重要な観光的要素であるといえます.

　ところが日本では博物館の観光的側面についての議論がなかなか進まず，近年になってようやく活発に議論されるようになってきました. その背景には文化観光 (第7章ニューツーリズム参照) という考えがあります.

　2020年には，日本における文化観光を推進するための法律として，「文化観光拠点施設を中核とした地域における文化観光の推進に関する法律 (文化観光推進法)」が成立しました. この法律では，博物館，美術館などを文化観光拠点施設として位置づけ，そこに国内外から観光客を誘致して，観光振興や，地域活性化につなげるということを目標にしています. また，2022年に博物館法が改正され「他の博物館との連携，地域の多様な主体との連携・協力による文化観光など地域の活力の向上への寄与を努力義務化」することが追記されました.

　世界の有名な博物館には，前述の「大英博物館 (ロンドン)」や「エジプト考古学博物館 (カイロ)」，「故宮博物院 (台北)」などがあります. 日本では4,000館以上の博物館がありますが，「東京国立博物館」，「国立科学博物館」，「江戸東京博物館」(いずれも東京)，「京都国立博物館 (京都)」などが有名です. また，「広島平和記念資料館 (広島)」，「福井県立恐竜博物館 (福井)」，「鉄道博物館 (大宮)」，「京都鉄道博物館 (京都)」なども内外の観光者が多く訪れています.

　これら以外にも文化観光拠点施設として認定されているものも数

多くあります.

3. 美術館

　美術館は博物館の一種で，美術品を中心とした資料収集・保存，調査研究，展示，教育普及の公開及び保管をおこなっています．美術品とは，「国立西洋美術館（東京）」の所蔵品を例にとると絵画，彫刻，素描，版画，写本，工芸などのことです．

　美術館を観光施設として見る観光者の認識度は，博物館よりも高いと言えます．観光で訪れた人々が「ルーブル美術館」や「オルセー美術館」（いずれもパリ）や「プラド美術館（マドリード）」などを巡ることはよくあります．日本には国立美術館から個人が経営する小さな美術館までたくさんのものがありますが，それらにもまた多くの観光での来訪者がいます．近年ではアートツーリズムなどの拠点施設としての活用もされています．

　一方，近年の美術館設立の動きの中には，このアートツーリズムや都市の活性化と連動しているものもあります．その一例が金沢21世紀美術館です．観光者にとって，現代アートとの最初の接点はメディアを通してであることが多いのですが，ここでは実際に展示物を自由に触ったり，声に発して反響を楽しんだりできる体験型アートがあります．中でも，人気が高いのは，レアンドロ・エルリッヒ作の「スイミングプール」です．この美術館は，地域住民が利用し楽しく学べるものとして，地域の社会教育を行う役割担うとともに，周辺地域の活性化において，地域外からの来客を誘発するという役割も果たしているのです．

　そのほかの美術館として「東京国立近代美術館（東京）」,「国立西洋美術館（東京）」,「国立新美術館（東京）」などの国立美術館,「森美術館」,「エプソンチームラボボーダレス」,「サントリー美術館」などのような民間美術館のほかにさまざまなテーマに基づいた美術館があります.

4. 動 物 園

　動物園や水族館も博物館に分類されます. 動物園は主に陸上に住む生きた動物を収集, 飼育, 保護, 研究する施設であり, 社会教育施設としての役割は博物館と同じです. ここには重要な役割として「種の保存」があります. つまり動物園や水族館は絶滅の危機にある野生生物を保全するための拠点としての役割も担っています.

　前に説明した博物館や美術館との一番の違いは, 家族や友人と楽しく過ごしながら, 生き物を実際に見て「命の大切さ」や「生きることの美しさ」を感じとれるレクリエーションの場であることです.

　動物園の原型ができたのは江戸時代といわれています. 花鳥茶屋, 鹿茶屋などの飲食店で鳥や動物を見世物として飼育していました. これは, 展示施設の原型となりました.

　1882 年になると, 日本で最初の動物園となる「上野動物園（東京）」が開園しました. その後, 日本各地に広がっていきました. 関西では「京都市記念動物園」や, 大阪の「天王寺動物園」が開園しました. 現在では, 日本国内に 158 施設（日本動物園水族館協会

加盟施設数は 91 施設）あります.

　以前は，子どもを対象とした施設としての一面が強かったのですが，現在は，子どものみならず，生涯学習の場となっています．観光施設としてとらえた場合「見る観光」と「学習する観光」の両方の機能を兼ね備えているといえます．

　日本を代表する動物園には「上野動物園」の他に，「天王寺動物園」，「東山動物園（名古屋市）」，また，行動展示を実施するなどさまざまな工夫を取り入れたことで有名になった「旭山動物園（旭川市）」は，観光施設として抜群の知名度を有しています．さらに，サファリパーク形式の動物園としては「富士サファリパーク（裾野市）」などがあります．

　なお，「アドベンチャーワールド（白浜町）」は，動物園，水族館，遊園地が一体になったテーマパークとして取り上げています．

5.　水　族　館

　水族館は水中や水辺にすむ生き物を収集，飼育，保護，研究し，教育，観賞，レクリエーションに供する施設のことです．日本は，人口当たりの水族館数が世界一多い国です．

　日本最初の水族館は，1882 年に上野動物園に開設された観魚室とされています．最初は日本産のコイやフナなどの淡水魚を展示していました．1897 年には，各水槽に循環濾過装置を配備した和楽園水族館が神戸市に誕生しています．また，1899 年に日本初の私設水族館として浅草公園水族館が開園しました．

　日本ではイルカ，アシカ，シャチなどの海獣ショーを楽しむこ

とができる水族館が多いのですが，1957 年，現在の新江ノ島水族館の前身である「江ノ島マリンランド」で日本初のイルカショーが実施されました.

1975 年には，沖縄県にある沖縄美ら海水族館が誕生しました. 当館の黒潮大水槽は当時世界一の大水槽でした.

1978 年，現在の都市型水族館の原型となる「サンシャイン国際水族館」が高層ビルの屋上に誕生しました.

1990 年代，日本がバブル景気を迎えると，神戸の「須磨海浜水族園」や，大阪の「海遊館」，横浜の「八景島シーパラダイス」など，100 億円以上の資金を投じた大規模な水族館が続々と誕生しました. バブル崩壊以降，日本は経済成長停滞期に突入し，人口も減少に転じ新規で大規模水族館が誕生することは少なくなっていますが，2012 年には，「京都水族館」が内陸型大規模水族館として完成しています.

6. 観光レクリエーション施設

観光レクリエーション施設とは，スポーツやリラクゼーションの体験施設のことです. 具体的にはレジャーランド等，スキー場，アイススケート場，テニス場，海水浴場，キャンプ場，オートキャンプ場，マリーナ，フィールドアスレチック場，サイクリングコース，ゴルフ場，観光農林業，観光牧場，観光漁業等のさまざまなタイプの観光レクリエーション施設が全国にあります. これら1つひとつについて取り上げることは限られたページ数の中ではできませんので，ここではスキー場について述べることにしま

す．なお，レジャーランド等については遊園地とテーマパークとして別のところで取り上げています．

　スキーは，一部の競技スキーの観覧などを除けば，自らが楽しむレジャーもしくはスポーツの施設です．

　日本におけるスキーは，1911年にオーストリアのレルヒ少佐によって，初めて上越市高田に紹介されたことで始まりました．当初は，軍隊での訓練目的でしたが，学校の授業で採用されたことによって，新潟，長野など各地に広がりました．1957年にスキー場にリフトが導入され，1960年代からは，スキーが大衆化しました．当初は，鉄道沿線の立地でしたが，車の普及に伴い，道路沿線の立地となりました．大都市からの移動時間がスキー場成立の決定要因になることから，高速交通機関の整備に伴い中部地方を中心とし，北海道から中国地方まで分布していきました．1982年に東北新幹線と上越新幹線の営業運行が開始し，1985年に関越自動車道が全線開通するなど全国的に交通網の整備が進みました．1987年に公開された映画『私をスキーに連れてって』のヒットやバブル景気であったことが重なってスキーブームとなりました．「レジャー白書'94」によれば，1993年には，スキー参加人口が1,770万人にまで増加しました．

　しかし，バブルが崩壊すると，スキーをする人口は減少していきました．1998年に長野冬季オリンピックでは，スキージャンプで日本勢のメダルラッシュなどが話題となり，観て楽しむスキーファンが増加しました．その後，スキーに変わって若者間でブームとなったのがスノーボードでした．スノーボードは，新しいジャンルのスポーツとして，アメリカとカナダで誕生しました．日本で

は，1982年にスノーボード協会が発足し，1998年の長野冬季オリンピックで，スノーボードが種目として正式に採用されたことによりこれまで「スノーボード禁止」としていたスキー場でも滑走可能になり，ファッション性も相まって若者の間で人気が高まりました.

しかし，近年，日本は2006年をピークに人口が減少したことや，景気の悪化に加え，室内スポーツ施設が都心に増加したことで，若者のアウトドア嗜好が弱まりスキー・スノーボード離れが加速しています．一方で，平野歩夢選手が2014年のソチオリンピックから3大会連続でメダルを獲得したことなどで，スノーボードの競技が注目されています.

近年，インバウンド観光を進めている日本においては，オーストラリアや台湾，韓国などからスキー客が数多く訪れており，日本人のスキー人口が減少する中で，スキーを楽しむ客層は，日本人から，外国人へと変化しつつあります.

例えば，日本最北端のビッグリゾートであり，世界最高レベルの雪質を誇るといわれるニセコをはじめとして，富良野スキー場，ルスツリゾート，苗場スキー場，蔵王温泉スキー場，野沢温泉スキー場，白馬八方尾根スキー場などが訪日外国人に人気のスキー場として挙げられます.

また，GALA湯沢スキー場には，外国人インストラクターによる英語でのスキー・スノーボードレッスンが受けられる「外国語スクール」があります．このことは，日本のスキー場の外国人人気を象徴しているといえます.

7. 遊園地

　遊園地は，かつて乗り物などの遊具を中心として非日常の楽しさを体験できる観光施設として人気がありました．

　日本最初の遊園地がどこかということについては諸説ありますが，遊園地の先駆けとしては，1911年に誕生した「宝塚新温泉」（後の「宝塚ファミリーランド」）を挙げる説があります．

　1910年に宝塚を始点とする箕面有馬電気軌道株式会社（現在の阪急電鉄）が設立されていますが，宝塚新温泉は1911年に，この宝塚への鉄道旅客誘致を目的に作られました．大理石造りの大浴場を設けた近代的な娯楽場として発足しました．その後1912年に，国内初の室内プールなどレジャー施設を設置した「宝塚新温泉パラダイス」，1924年に遊戯施設を設置した遊園地「ルナパーク」が完成しています．この例で分かるように鉄道会社が誘客を目的として遊園地を作った例は多くありました．

　しかしながら，1980年代以降にテーマパークが誕生したり，レジャーの多様化によって，遊園地は来場者数を減らすことになります．その結果，1990年代〜2000年代にかけて，全国の多くの遊園地が閉園していくことになりました．宝塚ファミリーランドも2003年に閉園したことで，関西の鉄道が運営を続けている遊園地は2000年以降，ひらかたパークと，生駒山上遊園地の2つとなっています．

　日本の有名な遊園地には「富士急ハイランド」や「ナガシマスパーランド」，「鈴鹿サーキット」などがありますが，それらは，

「そこでしか楽しめない仕掛けを作り」や「絶叫アトラクションのテーマパーク」,「モータースポーツのテーマパーク化」など複合化やテーマパーク化を図ることによって生き延びてきています.

8. テーマパーク

テーマパークは,特定のテーマに基づいて全体を演出した観光施設です.テーマに沿った建築様式,内容,登場人物,レストランなどで構成されています.日本では上述の遊園地と区別されています.

日本では1983年に夢と魔法をテーマとする「東京ディズニーランド」が開園しましたが,それ以降テーマパークという名前が一般化しました.しかしそれ以前にも日本には1965年開業の「博物館明治村」や,1975年開業の「太秦映画村」があり,当時テーマパークという名前こそ使われませんでしたが,それぞれが明治時代,時代劇をテーマとしており,日本のテーマパークの草分け的存在と言えます.

その後,1986年「日光江戸村」,1989年「倉敷チボリ公園」,1991年「レオマワールド」(現在,NEWレオマワールド),1992年「ハウステンボス」,1994年「志摩スペイン村」,2001年「東京ディズニーシー」,2001年「ユニバーサル・スタジオ・ジャパン」,2017年「レゴランド・ジャパン」などが相次いで開業しました.

テーマパークがこの時期に多く開園したのには,当時の日本のバブル経済が影響しているといわれています.

多くのテーマパークは,その非日常性から大きな人気を博して

います．また，「東京ディズニーランド」や「ユニバーサル・スタジオ・ジャパン」が，常に人々から高い人気を集める理由の1つに，企業側が時代に応じてイノベーションを行っているなど，人々を退屈させない工夫がされているからです．

　また，前述した動物園や水族館の機能と遊園地としての機能を持ち合わせたテーマパークがあります．「アドベンチャーワールド」がその代表的な施設です．

9．タワー

　タワーの定義には厳密な定めがあるわけではありませんが，主なタワーの種類は，電波塔の役割として建てられたものと，まちのシンボルとして建てられたもの，アートを基調としたもの，回転式のものなどがあります．ここでは，観光塔と複合施設を兼ね備えた「東京タワー」，「東京スカイツリー」，「通天閣」を取り扱います．日本では，1954年に開業した「名古屋テレビ塔（180 m）」が日本で最初に建てられた後，各地にタワーが建設されていくようになりました．

9.1　東京タワー
　1958年に開業した「東京タワー（333 m）」は，内藤多仲により設計され総合電波塔で，日本において最も高い電波塔タワーとして東京の夜空を照らしてきました．一方，メインデッキ（150 m）とトップデッキ（250 m）の2か所の展望台があり，観光施設としても大きな役割を果たしてきました．しかし近年，高層ビルが相次い

図5-1　東京タワー
出所：筆者撮影.

で建設されたことから，2012年に開業した「東京スカイツリー（634 m）」に電波塔としての役割を引き渡すかたちとなり，電波塔としての役割は終了しました. 現在は，モータースポーツやカフェ・飲食店，土産店などが集まる複合施設として機能しています.

9.2　東京スカイツリー

「東京スカイツリー」は，世界一高い自立式電波塔として，また

図 5-2　さまざまな場所から見える東京スカイツリー

出所：筆者撮影.

東京の観光名所として国内外から多くの人が訪れる観光施設でもあります. 東京スカイツリーが聳え立つ周辺を東京スカイツリータウンといい, 東京ソラマチ (商業施設), 水族館, まちひろば, 東京スカイツリーイーストタワー, ドームガーデン, スカイツリーアリーナがあります. また, スカイツリー完成に合わせて, 周辺の駅名は, 業平橋から「とうきょうスカイツリー駅」に改名,

押上駅の表記にも（スカイツリー駅前）と加わりました．このように，タワー周辺に新空間が形成し街に影響を与えました．東京スカイツリーは，単なる観光塔としての機能だけではなく，周辺空間を巻き込んだ建物なのです．

9.3　通天閣

　通天閣は，「第5回内国勧業博覧会」（1903年開催）の跡地に1912年，街のシンボルとして建てられましたが，太平洋戦争中の火災により焼失してしまいました．戦後の復旧を願う市民の想いから，1956年に現在の通天閣が，内藤多仲氏の設計の下，建設されました．新世界と呼ばれる周辺地域には，串カツや，居酒屋，射的，床屋，銭湯があり，昔ながらの生活を感じることができます．

図5-3　通天閣

出所：筆者撮影.

図5-4　TOWER SLIDER を滑る
　　　　筆者

出所：筆者撮影.

そこを見下ろす通天閣は，市民とともに変化を重ね，人々を勇気づけてきました．2007年に登録有形文化財になりました．それ以降，2012年に「キン肉マンミュージアム」，2013年に「通天閣わくわくランド」，2015年に新たな展望台「展望パラダイス」が作られました．

　2020年のコロナ禍では，ライトアップする機能を活かして「大阪モデル」に従い，通天閣の色で警戒レベルを周知していく取り組みも行われました．さらに，2022年に体験型アトラクション「TOWER SLIDER」がオープンし，日本人のみならず特に訪日旅行者で賑わっています．このように通天閣は，観光的機能に加え，市民への情報の掲示機能も担っています．

おわりに

　本章では，博物館，美術館，動物園，水族館，スキー場，温泉，テーマパーク，タワーなどの観光施設について学びました．観光施設には，さまざまな特徴や目的，役割があります．近年，訪れる人々も多国籍化していることから，各施設において受け入れ態勢の整備が求められています．

参考文献

かねだひろ（2020）『日本展望タワー大全』辰巳出版．

谷口知司編著（2010）『観光ビジネス論』ミネルヴァ書房．

谷口知司・福井弘編著（2020）『ひろがる観光のフィールド』晃洋書房．

谷口知司・福井弘編著（2017）『これからの観光を考える』晃洋書房．

第6章
観光と旅行業

　この章では，観光と旅行業について学びます．まず，旅行業とはどのような仕事なのかということ，その歴史，旅行業が取り扱う旅行の種類，旅行業等の登録区分などについて学ぶことにします．

1．旅行業とは

　日本には旅行業を規定する旅行業法という法律があります．またその法律の第2条で旅行業の仕事の内容が規定されています．
　つまり，旅行業とは，旅行者と運送機関（鉄道，航空権，船舶など）または宿泊サービスの提供施設（ホテル，旅館など）との間で，旅行者が運送または宿泊サービスの提供を受けられるように運送などサービス（座席や部屋など）を手配したり，旅行商品（パッケージツアーなど）を企画したり，これらに付随する行為（送迎やガイド.通訳など）の手配などの業務を行う会社のことです．

2．旅行会社の始まり

　中世には聖地巡礼旅行の斡旋を行っていた商人がいたといわれていますが，前述（第1章）したとおり，近代的な意味で世界最

初の旅行会社を創業したのは「近代ツーリズムの祖」と呼ばれているトーマス・クックです. 1871 年には「Thomas Cook & Son」社を設立しています. その後も, 1873 年には『トーマスクック・ヨーロッパ鉄道時刻表』を発刊し, 1874 年には, トラベラーズチェックの取り扱いも開始しています.

　日本で旅行業の会社が初めて創業したのは 1905 年のことでした. 東海道線草津駅前（滋賀県）で南洋軒という食堂を経営していた南新助が, 当時の国鉄で貸切列車を仕立てて, 善光寺参拝団や高野山参詣団, 伊勢神宮参拝団などの団体旅行の幹旋を始めました. 同年, 彼は日本旅行会を創業しました. これが現在の日本の大手旅行会社である日本旅行（旧日本旅行は JR 西日本の旅行部門 Tis と合併）に連なっています.

　また, 1912 年には, 外国人旅行者の日本への誘致を目的とした「ジャパン・ツーリスト・ビューロー」が作られ, 外国人 VIP の旅などの世話を手掛けています. これが今日の業界第一位の JTB の前身です.

　前述したように交通機関にとって観光者は大変重要な顧客であるため, 系列に旅行会社を持つ例が多く見られます. 鉄道系としては私鉄各社も旅行会社を次々に創業し, 大手旅行会社としては, 近鉄系列の近畿日本ツーリスト, 阪急系列の阪急交通社, 小田急系列の小田急トラベル, 東武系列の東武トップツアー, 京王電鉄系列の京王観光, 名鉄系列の名鉄観光などがあります.

　航空系も鉄道系同様に, 日本航空系列の JALPAK（ジャルパック）, 全日空系列の ANA あきんどなどが展開されています.

　その外にも新聞系（読売旅行, 毎日新聞旅行）, 農協系（農協観光）

など，さまざまな分野が母体となって旅行会社が作られ，運営され
ています．独立系の代表的な会社には HIS があります．

3．旅行業が取り扱う旅行の種類

　旅行業者は，観光者に対して企画旅行と手配旅行という2つの
タイプの旅行サービスを提供しています．
　企画旅行とは，旅行業者があらかじめ旅行の目的地や日程，旅
行者が受けることができる運送または宿泊サービスの内容，観光
者が支払うべき旅行代金に関する事項を定めた旅行に関するプラン
を作成し，旅行者と契約を結ぶパッケージツアーのことです．企画
旅行には募集型企画旅行と受注型企画旅行の2種類があります．
前者はパッケージツアー商品であり，旅行業者が不特定多数の観
光者を対象に，あらかじめ旅行プランを商品化したものです．後
者は修学旅行などのように，旅行業者が観光者から依頼されて商
品化する，いわばオーダーメードのパッケージツアーのことです．
　一方，手配旅行は，旅行業者が旅行者（業務旅行を含む）から依
頼されて，輸送機関のチケット，宿泊施設，その他のサービスな
どの旅行素材を手配する旅行のことです．

4．旅行業等の登録区分と取り扱える業務の範囲

　旅行業の登録区分と取り扱える業務の範囲については，旅行業
法に規定されて，報酬を得て旅行者のために座席や宿泊施設の手
配を行ったり，パッケージツアーのような旅行商品を企画，販売

する場合は旅行業登録をしなければなりません.

　旅行業者の登録区分には, 旅行業者として, 第一種, 第二種, 第三種, 地域限定の4区分があり, また, 旅行に関わる事業者として, 旅行業以外に旅行業者代理業, 旅行サービス手配業があり, それぞれ業務範囲などを規定しています.

　第一種旅行業者は, 海外国内の募集型企画旅行（パッケージツアー）の企画・造成（旅行業界では旅行商品を作ることを造成といいます）・実施を含め, すべての旅行業務を行うことができます.

　第二種旅行業者は海外の募集型企画旅行の企画・造成・実施を除く旅行業務を行うことができ, 第三種旅行業者は, 営業所がある市町村及びこれに隣接する市町村の区域で催行する募集型企画旅行の企画・造成・実施は可能ですが, それを除く海外国内の募集型企画旅行の企画・造成・実施をすることはできません. ただし, その他の旅行業務はできます.

　地域限定旅行業者は, 募集型企画旅行, 受注型企画旅行, 手配旅行のすべてにおいて催行区域が, 営業所がある市町村及びこれに隣接する市町村の区域内に設定されることを条件として, 旅行業務を行うことができます.

　旅行業代理業は, 他社（特定の旅行業者1社＝所属旅行会社）と業務委託契約を結び, その業務委託契約の範囲内で旅行業務を行う事業のことです. 例えば, 旅行業者が取り扱うパッケージツアーなどの旅行商品を観光者に販売する行為などがそれにあたります.

　旅行サービス代理業は近年（2017年6月）新たに加わった事業で, いわゆる地上手配業（ランドオペレーター業）で, 旅行会社から依

頼されて旅行関連サービス（運送サービス，宿泊サービスなど）の手配を行います．

　2023年4月1日現在の旅行業者の総数は1万2,090社で，内訳は第一種旅行業627社・第二種3,054社・第三種5,143社・地域限定623社・旅行業者代理業者2,132社になっています（観光庁）．

　ところで，旅行業法がこのように旅行業の登録区分を規定している理由の一つに消費者保護という考え方があります．取り扱う商品の範囲が広くなればなるほど（例えば海外の募集型企画旅行などの取り扱い），消費者である旅行者に対するビジネスとしての責任が重くなります．そのため特に第一種旅行業などは一定の資本の裏付けがなければ登録することができません．つまり登録要件にある営業保証金や基準資産という考え方は不適格なものが旅行業に参入することを防止することや消費者を保護するために，旅行業者が一定の資産を保有していなければならないということで設定されています．

5．旅行業務取扱管理者とは

　旅行業者は，営業所ごとに一定の資格を持った旅行業務取扱管理者を選任して，旅行の取引条件の説明などの業務の管理・監督を行わせなければならないと，旅行業法で規定されています．旅行業務取扱管理者は，旅行の取引条件の説明などの業務の管理・監督に関する事務を行います．

　旅行業務取扱管理者には，総合旅行業務取扱管理者，国内

旅行業務取扱管理者，そして地域限定旅行業務取扱管理者があり，それぞれ国家試験（旅行業務取扱管理者試験）に合格する必要があります．

海外旅行を取り扱う営業所については，総合旅行業務取扱管理者が，国内旅行だけを取り扱う営業所については，総合旅行業務取扱管理者か国内旅行業務取扱管理者，また主たる営業所所在地の隣接市町村までの範囲の旅行業務であれば地域限定旅行業務取扱管理者の選任が必要となります．

旅行業者代理業者においても同様で，所属旅行業者が委託した業務の範囲に応じて旅行業務取扱管理者の選任が必要になります（例えば，委託した業務の範囲に海外旅行の取り扱いがある場合には，総合旅行業務取扱管理者の選任が必要）．

6．日本の主要な旅行会社

観光庁が公表している 2023 年 8 月の日本の主要旅行会社の取扱額統計によると上位 10 社は次の通りです．

1 位 JTB（6 社計），2 位 HIS（6 社計），3 位 KNT-CT ホールディングス（4 社計），4 位日本旅行（4 社計），5 位阪急交通社（2 社計），6 位（株）ジャルパック，7 位 ANA X（株），8 位東武トップツアーズ（株），9 位（株）ジェイアール東海ツアーズ，10 位名鉄観光サービス（株）．

注：括弧の中の数字は合算した系列会社の数

7．大手旅行業者の旅行商品

1962 年 9 月に日本交通公社（現在の JTB）が，「家族・グループ
セット旅行」，「新婚セット旅行」「セット旅行」などの発売を開始
しました．このセット旅行は，旅行商品の原型で，その後のパッ
ケージツアーにつながったといわれています．本格的な日本人向け
パッケージツアーでは，1965 年に日本航空が海外パッケージツ
アー「ジャルパック」を発売し，続いて 1968 年日本交通公社が日
本通運と共同で海外パッケージツアー「ルック」を発売していま
す．1970 年には日本交通公社が国内パッケージツアー「エース」
を発売，以降，旅行会社各社によるパッケージツアーが普及して
いきました．

　現在代表的なパッケージツアーのブランドには JTB の「エース
JTB（国内）」・「ルック JTB（海外）」，近畿日本ツーリストの「日本
の旅（国内）」，日本旅行の「赤い風船（国内）」・「BEST（海外）」，東
武トップツアーの「FEEL（国内・海外）」，阪急交通社の「trapics
（国内・海外）」などがありますが，そのほかにも多彩なパッケージ
ツアーが展開されています．

　当初のパッケージツアーは，食事が 3 食付くフル・ペンション
形式で，添乗員か現地ガイドが付いてすべての観光コースを案内
する団体行動型が多かったのですが，その後，メディア販売商品
や欧州の周遊型商品，一部の SIT 商品（Special Interest Tour：特
別な目的に絞った旅行のこと．大リーグやサッカーなどのスポーツ観戦ツ
アー，美術・音楽鑑賞ツアーなど目的に特化した旅行）を除き，国内旅

行・海外旅行ともフリープラン型のパッケージツアーが多く販売されるようになりました．これは交通と宿泊は決まっているが，行程のほとんどが自由となっているもののことで，海外旅行ではリゾート（ハワイ5日間など）や都市（パリ6日間）などの滞在型ツアーに多く，空港からホテルまでの送迎や，簡単な市内観光，朝食などが含まれるものが多くあります．

　さらに，近年多くなってきているのが，旅行者が航空やレンタカー，宿泊を自由に選んで組み合わせるパッケージツアーであるダイナミックパッケージです．これも標準旅行業約款（後述）では募集型企画旅行に入ります．

8．パッケージツアー催行と旅行業者の責任

　パッケージツアー（募集型企画旅行）を行う旅行業者には旅程管理を行なう義務があり，会社の責任として旅程保証，特別補償，損害賠償という3つの責任を負うことになります．標準旅行業約款（旅行業法に基づき，旅行業者と旅行者が交わす旅行契約に関し，観光庁及び消費者庁が定めた取引条項のモデル）には，次のように記載されています．

　旅程保証は，「運送・宿泊機関等が当該旅行サービスの提供を行っているにもかかわらず，運送・宿泊機関等の座席，部屋その他の諸設備の不足が発生したことによるもの」（標準旅行業約款第29条）を保証するもので，主にオーバーブッキングによってツアー内容に変更が生じた場合に対象となります．

　特別保証は，「旅行者が受注型企画旅行参加中にその生命，身

体又は手荷物の上に被った一定の損害について，あらかじめ定める額の補償金及び見舞金を支払（標準旅行業約款第28条）」うものです．つまり，旅行業者の故意・過失の有無に関わらず，ツアー中の出来事のため旅行者の身体や手荷物の損害があった場合，それに対して補償するということです．

　損害補償は，旅行業者に故意・過失があり，損害が生じた場合に補償されるものです．例えば，旅行会社の手配ミスは損害賠償案件になります．

9．旅行業の課題

　ITC の進展は，あらゆる社会に大きなインパクトを与えたが，旅行会社もまた例外ではいられませんでした．インターネット網が張り巡らされ，パソコンはもとよりスマートフォンがパーソナルツールとして各人の手元に行き渡り，ホテル・鉄道切符・航空券などが，Web を通して各種予約サイトから，時には BtoC で，何時でも何処でも購入できるようになりました．こうした状況の下で，さらにコロナ禍が追い打ちをかけ，店舗窓口による販売の減少による一部店舗の閉店なども余儀なくされました．旅行業界は，こうした中で大きな岐路をむかえているといわざるを得ません．

　しかしながら，旅行会社が長い歴史の中で蓄積してきた旅行についてのノウハウや企画力は新たな価値となり，それを活かした旅行商品の開発や提案こそが旅行会社の強みとなると考えます．

　近年では，旅行会社はイベント企画・運営などにも力を入れてきていますが，こうした手配から参画へという道筋の中に，将来に

わたる旅行業の存在価値があるように思われます.

おわりに

　旅行会社についての基本的な項目は理解できたと思います. 皆さんたちが立ち寄る鉄道のターミナル駅やショッピングモール, 街の繁華街などには旅行会社の営業所や, 旅行業代理業のお店があります. もし目についたらぜひ立ち寄って見てください. 募集型企画商品のパンフレットなどがたくさん並んでいます. この章で学んだことをもとにこうしたお店に立ち寄ると, 今までと違った視点から眺めることができると思います.

参考文献

谷口知司編著 (2010)『観光ビジネス論』ミネルヴァ書房.

谷口知司・福井弘幸編著 (2020)『ひろがる観光のフィールド』晃洋書房.

谷口知司, 福井弘幸編著 (2017)『これからの観光を考える』晃洋書房.

観光庁「旅行業者取扱額」(https://www.mlit.go.jp/kankocho/siryou/toukei/toriatsukai.html) 2023 年 11 月取得.

第7章

ニューツーリズム

ここではニューツーリズムについて学びます．ニューツーリズムとは何か，またどのような背景で誕生したのか，ニューツーリズムといわれるものにはどんなものがあるのかなどについて学びます．

1．ニューツーリズムとは

第二次世界大戦後の経済発展を背景に，それまで富裕層に限られていた観光旅行が，幅広く大衆にまで拡大した現象をマスツーリズムと呼び，日本では 1970 年代まで，こうした旅の形態が一般的でした．マスツーリズムで観光地は経済的な恩恵を受けた一方，環境汚染や自然破壊などの課題も抱えました．一方，観光のスタイルも慰安旅行などの団体旅行から，観光の個人化と同時に，観光スタイルの細分化が進んできました．こうした中で，1980 年代になるとテーマ性のある，地域が主体となって観光を企画する「ニューツーリズム」という考え方が誕生しました．近年では，地域が観光者のニーズを把握して，地域の魅力を発信していくことが求められるようになり，地域の特性を活かすことによる地方創生が期待されています．ニューツーリズムという言葉には厳密な定めがあるわけではないため，さまざまな形態の観光を指しますが，本章では，事例として産業観光，グリーンツーリズム，エコツーリズム，

コンテンツツーリズム，ダークツーリズム，スポーツツーリズム，文化観光を取り扱うことで，ニューツーリズムを学ぶことにします．

2．産業観光

　産業観光については，「全国産業サミット in 愛知」（2001 年）の「歴史的・文化的価値のある産業文化財，生産現場及び産業製品を観光資源とし，それらを通じてものづくりの心にふれるとともに，人的交流を促進する観光活動をいう」という定義が有名です．

　ここでは，日本国内のみならず，海外からの観光者が多く訪れる京都市を事例に取り扱います．京都市には産業観光を見学・体験できる施設やイベントが複数あります．例えば，山科区の清水焼き団地では「京焼・清水焼」を生産しています．年に 1 度清水焼の郷まつりが開催されています．また，清水焼郷会館では陶芸体験ができます．

　また，京都市伏見区は，歴史ある水の街として，日本酒造りが盛な地域です．有名な酒造メーカー月桂冠の「月桂冠大倉記念館」や黄桜の「キザクラカッパカントリー」があり，日本酒の製造工程や歴史が学べ，見学の最後には試飲ができます．また，江戸時代から明治時代末期にかけて，伏見からの酒や米などの搬出及び旅客を大坂（今の大阪）と行き来させるため，宇治川派流と宇治川，淀川の間を行き来した輸送船を復活させた十石舟・三十石船が宇治川派流で遊覧船として運航されて，伏見の歴史を伝えています．

　その他にも，八つ橋づくり体験や，友禅染体験など伝統産業を体験することができる所が数多くあります．

図7-1　陶芸体験する筆者

出所：筆者撮影.

図7-2　伏見十石舟

出所：白石滋彦氏撮影.

3．グリーンツーリズム

　グリーンツーリズムは，欧州で生まれた旅行形態であり，1970年代からドイツ，スイス，フランス，オーストリアで提唱され，その後アジアにおいても広がりを見せ，韓国では1980年代に政府主導で農村観光の振興事業が始まりました．中国では，1990年代半ばに，「農家楽」というグリーンツーリズムが始まりました．日本では，1994年に「農産漁村休暇法」が制定されたことで，注目を集めるようになりました．日本においてのグリーンツーリズムは，農林水産省によって「新しい観光ニーズに応えながら，地域の自然と文化と生活を守り，地域活性化に資する観光の形態」と定義されています．

　グリーンツーリズムで有名な場所は数多くありますが，その1つに長野県飯田市があります．飯田市では，農家ホームステイ，カ

ヌー，ツリークライミング，渓流釣りなどアウトドア・アクティビティが体験できる他，田植え，稲刈り，りんごの摘果，森林営林といった農林業体験ができます．飯田市以外にも大分県安心院町や北海道長沼町などが有名です．

近年，修学旅行のプログラムの1つとしてグリーンツーリズムを取り入れる学校も増えています．

4．エコツーリズム

日本では，1990 年頃から屋久島などの自然豊かな観光地でエコツアーが見られるようになりました．当時の環境庁は，1991 年に「沖縄におけるエコツーリズム等の観光利用推進方策検討調査」を実施して，エコツーリズムに関する調査を開始しました．1990 年代後半には日本エコツーリズム推進協議会（現日本エコツーリズム協会）などの民間推進団体の設立が相次ぎ，エコツーリズムの普及に向けた動きが加速しました．2003 年から 2004 年にエコツーリズム推進会議が行われ，国策としてエコツーリズムの推進が始まりました．また，2007 年「エコツーリズム推進法」が議員立法により成立し，2008 年には「エコツーリズム推進法」施行されました．

「エコツーリズム推進法」（平成 19 年法律第 105 号）では，第 2 条にエコツーリズムは，「観光旅行者が，自然観光資源についてガイド等から案内又は助言を受け，自然の保護に配慮しつつ，自然と触れあい，自然に関する知識及び理解を深める活動」であると定義されており，「自然環境の保全」「観光振興」「地域振興」「環境教育の場としての活用」を基本理念としています．

　ここではエコツーリズムの事例として小笠原諸島を紹介します.
2011年に世界遺産に登録された小笠原諸島は, 漁業と観光業の島
で, 貴重なコアホウドリや, ムニンノボタンなどの島固有の希少
な動植物が生育し「東洋のガラパゴス」と呼ばれています. 小笠
原諸島では, 数多くの外来種, 本土から持ち込まれる物品, 港や道
路の開発による植物の伐採が問題となっています. 小笠原村のエ
コツーリズムは,「かけがえのない小笠原の自然を将来に渡って残
していきながら, 旅行者がその自然と自然に育まれた歴史文化に親
しむことで小笠原の村民が豊かに暮らせる島づくり」を理念として
います.

5. コンテンツツーリズム

　コンテンツツーリズムは, 2005年に国土交通省総合政策局・経
済産業省商務情報政策局・文化庁文化部から出された「映像
等コンテンツの制作・活用による地域振興のあり方に関する調査」
の中で使用されたことがきっかけとなり, それ以降観光用語として
使用されるようになりました.

　コンテンツツーリズムには, アニメツーリズムをはじめ, ドラマ
ツーリズム（ロケツーリズム）, ミュージックツーリズムなどが含ま
れますが, 本節では, 岐阜県飛騨市が一部のモデルとなったアニメ
映画「君の名は。」を事例にコンテンツツーリズムを考えていき
ます.

5.1 飛騨市の主な取り組み

飛騨市は 2016 年 7 月 7 日に新海 誠 監督の作品「君の名は。」の全国一斉試写会が開催されたタイミングで，コラボポスター制作，ひだくろパネル製作設置，チラシ制作，パネル展開催に取り掛かりました．また，東海エリアの映画館では飛騨市バージョンのポスターがサイネージ広告として掲載されるなど差別化された情報発信がなされました．結果，事前発信することで飛騨市が聖地であることがファンの間で浸透していきました．こうした行政の取り組みの中で 8 月 26 日に映画公開を迎え，公開後も押し付けないおもてなしを念頭に置き，聖地での満足度向上のためのパネル展の実施や多言語による観光サイトモデルコース制作など段階的に聖地化に向けて取り組むようになりました．

5.2 観光者の変化

コンテンツツーリズムを楽しむ者，いわゆる聖地巡礼者の変化について，映画公開当時は，男性のアニメコアファンが多かったのですが，映画のヒットとともに変化して，1 年後には，カップル，ファミリー，グループなど世代を超えて訪れるようになりました．また，外国人に関しては，日本のアニメファンが主で，公開が同時期であった香港，台湾，中国などのアジア圏から外国人観光者が訪れるようになり，その後，フランスなどのヨーロッパからのアニメファンも訪れるようになりました．

5.3 コンテンツツーリズムの現状と課題

飛騨市区役所観光課の職員によると映画公開から約 7 年経った

図7-3　飛騨市古川駅

出所：飛騨市提供.

図7-4　宮川町落合のバス停

出所：飛騨市提供.

図7-5　気多若宮神社

出所：飛騨市提供.

図7-6　飛騨古川駅タクシー乗り場

出所：飛騨市提供.

現在も聖地巡礼者が途絶えず，新海誠監督作が公開されるたびに思い返され，定期的な聖地巡礼現象が起きているのだそうです．

　しかし，コンテンツツーリズムには課題もあります．アニメだからといって必ずしも誘客になるわけでもなく，またヒットするかどうかも映像コンテンツとしては不透明であり，また権利処理をしっかり理解する必要があるということです．アニメに関しては，ファンとの歩み寄りが大切であり，行政が携わることで敬遠され

ることもあるのです。飛騨市では映像コンテンツの活用に関しては一過性であるという認識のもと取り組んでおり、観光誘客が第一の目的ではなく、シビックプライドの醸成のためにコンテンツを活用したロケツーリズム事業を開始し、現在ではロケ誘致にも取り組んでいます。

6. ダークツーリズム

　ダークツーリズムとは、人類の悲しみを対象とした観光のことで、2000年以降に注目されるようになった観光です。

図 7-7　広島原爆ドーム

出所：筆者撮影.

日本では，「原爆ドーム」・「広島平和記念資料館（広島）」，「長崎原爆資料館（長崎）」，「沖縄県のひめゆりの塔（沖縄）」といった戦争の跡地や「人と防災未来センター（兵庫）」といった震災の悲惨さ伝えるための施設が観光地となっています．これらの場所は，平和教育の場として小中学校の修学旅行の行先として選ばれています．

その他にも世界の有名な観光地として，韓国と朝鮮民主主義人民共和国の国境38度線付近にある板門店やドイツのアウシュヴィッツ強制収容所などがあります．これらも，ダークツーリズムの1つとして戦争の歴史やその悲惨さを後世に残し続けています．

7．スポーツツーリズム

2011年に観光庁が「スポーツツーリズム推進基本方針」を策定しました．スポーツツーリズムとは，スポーツと観光を融合してスポーツの魅力を発信し，地域の多様な資源を利用することで訪日旅行者や国内旅行者の増加をはかることで地域活性化を目的としたものです．

すなわち，「観る」「する」に加えて「地域連携」の要素も重要になります．

本節では，沖縄県石垣市を事例に官民連携によるスポーツ観光推進事業促進の事例を取り上げます．

7.1 沖縄県石垣市におけるスポーツ交流

石垣市は，沖縄本島（那覇）から約411 km離れた石垣島にある

市です. 近年では, LCC が関西国際空港から直行便が出ているため, 比較的安価で行くことが可能になりました. 石垣島はサンゴ礁の海が広がり, 夏はバカンスを楽しむ観光客多く訪れます. 冬は千葉ロッテマリーンズ (以下, ロッテ) のキャンプ地として島外からも観光客が訪れています.

7.2 千葉ロッテマリーンズキャンプ地誘致

石垣島にある八重山商工高等学校は, 2006 年の第 78 回選抜高等学校野球大会と第 88 回全国高等学校野球選手権大会に沖縄県代表として甲子園に出場し, 八重山旋風を起こしたことが全国的に話題になりました. 以降, 島外から野球留学をする球児たちもいました. 2006 年のドラフト会議において石垣島初となるプロ野球選手が誕生しました. それを受け, 商工会, 観光交流協会を中心に市長との話し合いで, ロッテのキャンプ地誘致に動きました. ロッテのキャンプ地決定を受け野球関連施設 (野球場や屋内練習場・ブルペン・打撃ゲージ) の整備充実 (新設・改修) が成され, 市民のスポーツ環境が飛躍的に向上しました.

ロッテの石垣島キャンプ成功に向けて支援体制を多くの団体や企業, 市民の参加を呼びかけ, 地域経済の活性化を図ることを目的として,「千葉ロッテマリーンズ石垣島協力会」が設立されました. 千葉ロッテ石垣島協力会は, 石垣島キャンプ (チームが 1 年戦い抜くための土台作りの場) におけるソフト面 (キャンプ実施支援) の受入協力を担っています. 一方, ハード面 (施設設備環境の整備) の受入協力は行政 (石垣市) が担い, 受入協力は両者にて役割分担してキャンプが行われています.

図7-8　八重山商工メガホン
出所：筆者撮影.

図7-9　千葉ロッテマリーンズキャンプ
出所：石垣市提供.

図7-10　室内練習場
出所：石垣市提供.

図7-11　ブルペン
出所：石垣市提供.

　石垣市がロッテのキャンプ地になったことで，キャンプ中に地元の少年野球チームを対象とした野球教室やサイン会が開かれプロ野球選手との交流が盛んに行われています．また，石垣市が渡航代金等は負担し，台湾プロ野球団の楽天モンキーズを招待し

国際交流試合が行われています．離島でありながらプロ野球観戦の機会を市民だけでなく来島者にも提供しています．

　今後の課題として，石垣市では，石垣島でキャンプが継続できるよう，球団と地元の双方で施設設備の整備充実と応援気運の醸成を図る方策（交流イベント等の検討）を取り組む必要があるといえます．

8. 文化観光

　2020年に日本における文化観光を推進するための法律として「文化観光拠点施設を中核とした地域における文化観光の推進に関する法律（文化観光推進法）」が成立しました．

　法第2条第1項において「有形又は無形の文化的所産その他の文化に関する資源の観覧，文化資源に関する体験活動その他の活動を通じて文化についての理解を深めることを目的とする観光」すなわち「文化観光」と位置づけています．

　したがって，観光施設において分かりやすい情報発信が求められています．また，地域住民，企業，教育機関，研究機関等が，地域において伝えていきたい文化の方向性を共有し，文化財などの文化資源の価値を再認識することが必要なのです．

　ここでは，東京都三鷹市の取り組みを事例に挙げて学びます．

8.1 東京都三鷹市における文化芸術

　三鷹市は東京都の中央に位置する市です．三鷹市には，三鷹の森ジブリ美術館や太宰治文学サロンなどの文化観光拠点施設があ

図7-12　三鷹の森ジブリ美術館前
出所：筆者撮影.

図7-13　太宰治文学サロン
出所：筆者撮影.

図7-14　玉鹿石
出所：筆者撮影.

図7-15　野川家跡
出所：筆者撮影.

る他，毎年秋には，音楽アーティストが集う三鷹の森フェスティバルが開催されており，芸術とゆかりのある街です．

　三鷹の森ジブリ美術館では，ジブリ作品の空間を味わうことができるため日本人だけではなく世界各国から人々が訪れています．

　また，三鷹市は小説家の太宰治が生前過ごし，「走れメロス」や「人間失格」などの代表作を書いた場所です．2008年に，太宰一家が通った酒屋「伊勢元」の跡地に太宰治サロンが開設され，ガ

イド，ボランティアが市内の太宰ゆかりの足跡を案内しています．

おわりに

　ニューツーリズムにおける，2つの課題を紹介します．
　1つ目は，観光者の持続的集客が難しいという課題です．地域団体や企画者が自分たちの地域の観光資源が良いものだと感じて発信しても，旅行者の嗜好に合うかは別の問題です．旅行者を惹きつけることができなければ，来てもらうことはできません．旅行者の嗜好は日々変化するので，ニーズを把握しマーケティングすることが重要です．
　2つ目は地域住民の持続的協力が必要になるということです．重要なことはリピーターを確保し，一過性のもので終わらせないために，旅行者を受け入れる必要なのです．そのためには，行政，観光協会だけでなく地域住民の連携が不可欠です．したがって，旅行者と地域住民の共通の価値への相互理解が重要になります．

参考文献

石垣経済新聞「「千葉ロッテ石垣島協力会」設立―バレンタイン監督もあいさつ」
　　（https://ishigaki.keizai.biz/headline/164/）2023年11月17日取得．

環境省「1．小笠原村ではどのようにエコツーリズムに取り組んでいるのですか？」（https://www.env.go.jp/nature/ecotourism/try-ecotourism/certification/ogasawara/torikumi/01.html）2023年11月17日取得．

環境省「エコツーリズムとは」（https://www.env.go.jp/nature/ecotourism/try-ecotourism/about/index.html）2023年11月17日取得．

Spaceship Earth「グリーンツーリズムとは？日本の成功事例やメリット・デメリットを簡単に解説」https://spaceshipearth.jp/green_tourism/（2023年12

月 12 日）．

千葉ロッテマリーンズ石垣島協力会（ishigaki-camp.com）2023 年 11 月 17 日取得．

文化庁「文化観光」（https://www.bunka.go.jp/seisaku/bunka_gyosei/bunkakanko/index.html）2023 年 11 月 17 日取得．

第8章
観光と情報

観光者は観光行動を実現するためにさまざまな情報を利用します. 本章では観光者がさまざまな意思決定を行うさいに参照するメディアや, 自らが情報を発信する際に利用するメディアなどについて考えることにします.

1. 観光情報の種類

この章では観光情報を観光の需要喚起のための情報, 実際の観光行動を行うために必要な情報, 現地での観光行動を誘導するために必要な情報として考えることにします.

1.1 観光の需要喚起のための情報

まず観光地や観光施設であること, またそこにあることを認知してもらい, さらにそこに, 「行ってみたい」という動機づけを伴うような認知をしてもらう必要があります. 具体的な情報メディアには, テレビや雑誌, 新聞などの旅行特集, 広報用ポスター, ネットのポップアップなどがあります. 本章ではこの情報を「観光誘発情報」と記します.

1.2 実際の観光行動を行うために必要な情報

次に実際の観光行動を行うまでに必要な情報です．行程をどのようにすれば良いのか，経費がいくらかかるかなど，実際に行動に移すまではさまざまな課題があります．交通機関の時刻や宿泊施設の選択のための情報，チケットの購入に必要な情報，現地観光資源・施設の情報，地域の名産・名物について情報，気象情報，パックツアーや現地出発ツアーの情報などはこうした課題解決に役立つ情報提供です．

具体的な情報メディアとして観光ガイドブック，交通機関のホームページ（以下 HP と記載），観光業の HP，宿泊業の HP，現地自治体・団体などの HP，パッケージツアーなどのパンフレットなどがそれにあたります．

本章ではこの情報を，「観光計画・実行情報」とします．

1.3 現地での観光行動を誘導するために必要な情報

観光者が，実際に旅行先を訪れたときに必要となる現地での「インフォメーション」のことです．

実際の情報としては道路標識，観光案内図，観光案内所や道の駅といったものが，こうした「インフォメーション」に相当します．

団体のパックツアーなどを除き，特に観光者自らが現地での決断をしなければならないような場面では，現地のインフォメーションが重要になってきます．

近年では各種現地情報をスマートフォンのアプリや，団体や個人が発信した SNS 上の情報が果たすことも増えています．

本章ではこの情報を，「現地情報」と呼ぶことにします．

2. 各種観光情報メディア

ここでは，それぞれのメディアが，どのような観光情報を提供しそれらが観光者によって活用されているかについて説明していくことにします.

2.1 観光ガイドブック

観光ガイドブックは，観光の目的地の観光資源・観光施設，アクティビティー，食べ物，土産物などの情報，該当観光地へのアクセス・現地での移動手段（鉄道，航空，バス，タクシー，その他）などとともに，地形，気候，動植物，歴史，文化，経済，通貨，言語，服装などの情報を提供し，観光者に便宜を与えるものです. そのため，「観光計画・実行情報」として活用される場面が多く，時に「観光誘発情報」としても活用されます.

2.1.1 現代の日本の観光ガイドブック

現在主流のガイドブックは，その形態からムック本型と小冊子型と携帯型などに分類することができます. また，その内容からは，観光トレンド重視型，情報網羅型，特定ニーズ対応型などに分類することができます.

日本国内のムック本型ガイドブック市場をほぼ独占しているのが，『るるぶ』（JTBパブリッシング）と『まっぷる』（昭文社）ですが，それらは観光トレンド重視型として編集されていて，その時代時代の観光の趨勢，潮流，流行を色濃く反映した内容となっていま

す．いずれも，AB 判やワイド判と呼ばれるもので，カバンに入れて持ち歩くには少し大きいサイズですので，近年，『るるぶちいサイズ』シリーズや『まっぷる mini』シリーズが登場しています．

　一方，小冊子型の多くは A5 判サイズで作られています．代表的なのが『地球の歩き方』（発行：地球の歩き方，発売：学研プラス）です．掲載される街の数の多さでは他に類を見ませんし，交通，宿泊，食事などの他，地域の風習や歴史・文化，気候，治安などの情報も載せられていることから情報網羅型であるといえます．

　これらに対し，ますます市場規模を拡大する傾向にあるのが，持ち歩きに便利な携帯型です．前に紹介した，『るるぶちいリイズ』シリーズや『まっぷる mini』も携帯型です．近年，携帯型のもので多く出版されているのは，特定ニーズ対応型でもある「女子旅」をテーマとしたものです．『ことりっぷ』（昭文社）はターゲットを「女子」に絞り込み，2008 年に国内旅行のガイドブックから刊行をスタートさせ，2009 年からは海外旅行版も追加しています．『地球の歩き方』も，"旅好き女子のためのプチぼうけん応援ガイド" として『aruco』を発刊していますし，『ララタッチ』（JTB パブリッシング）のコンセプトも "大人カワイイ女子旅案内" です．

　これらの他にも，特定ニーズ対応型のものとしては，0 歳から小学生程度の子供がいる家族を対象としたガイドブックである『まっぷる家族でおでかけ（関東周辺，関西など）』や，ペットとでかける旅行を対象とした『るるぶペットとおでかけ』や『まっぷるペットといっしょ』などがあります．また，自家用車でのドライブ旅を対象としたものとして，『まっぷるドライブ（北海道，関東な

ど)』があります. さらに, バリアフリー旅行に対応するものとして『車で気軽にバリアフリー旅』(JTB パブリッシング) や,『バリアフリー温泉で家族旅行』(昭文社) のようなものがあります. これらのものはムック本型として刊行されているものが多く見うけられます.

特定ニーズ対応型のガイドブックは, 上掲したもの以外にもさまざまなニーズに対応したものが出版されており, それらはそれぞれの旅のあり方に応じて必要となる情報が収集され掲載されていることが特徴です.

2.2 ポスター, チラシ (フライヤー)

行政 (国, 都道府県, 市町村), 各種団体, 企業などが観光客誘致を目的としてポスターやチラシを作り, 掲出及び配布を行っています. そのためこれらの多くは「観光誘発情報」といえます.

ポスターは, 一般に面積が大きいもの多いのですが, 一瞬で消費者などの注意を引き付けることができなければならないので, おおむね情報量を少なくしなければなりません. そのため効果的なキャッチコピーが有効です.

例えば, JR グループの「青春 18 きっぷ」ポスターには, "夏の雲, 草木の美しさ, 急いでいたら見えなかったもの. (2023 年夏)" のように毎回秀逸なキャッチコピーが書かれていて旅に誘ってくれます.

チラシ (フライヤー) は, 各所への配置, 街頭での手配りだけでなく, 新聞折込やポスティング, ダイレクトメールなど, さまざまな方法によって配布されます. ポスターと比べサイズは小型ですが,

顧客に内容を伝えるという役目があるため，情報量は多くなっています．チラシも「観光誘発情報」が主な目的ですが，手に取ってじっくり見てもらえるものであるため，時に「観光計画・実行情報」についての記載があります．

2.3　パンフレット，小冊子

　ポスター，チラシ同様，行政の発行したものから観光協会・観光公社，旅行会社，鉄道会社，航空会社などが発行したものまで多種多様なものがあります．内容も多様で，「誘発情報，選択情報」を中心としたものから，「計画情報，現地情報」中心のものまであります．観光者が旅行先や参加ツアーの決定後，さらには現地に行ってから手にするもの，例えば，『るるぶFREE』（JRパブリッシング）や，現地の出版社や観光局が発行する各種情報誌などは，現地で役立つものとして編集されており，内容的にはほぼ「現地情報」です．

2.4　テレビの旅関連番組

　1959年から始まったテレビ番組『兼高かおる世界の旅』（ＴＢＳ系）は，海外旅行がまだ高嶺の花だった当時（日本の海外旅行自由化は1964年でした）の日本人になじみの薄い世界の各地を巡り，その国々の文化・歴史・風俗などを紹介することに貢献しました．また，1966年に始まった『すばらしい世界旅行』（日本テレビ系）は，1990年の放送終了まで24年間，主に欧米以外の国々を対象として1,010回放送され，それらの国々の文化や暮らしを紹介し，海外旅行にあこがれる日本人にその素晴らしさを伝えてきました．

今日でも旅番組は，かつてのテレビ番組がそうだったように多くの国々の文化・歴史・風俗・暮らしを紹介してくれるとともに，観光情報として大きな役割を果たしています．

現在放送されている旅番組には，『世界ふれあい街歩き』（NHK BS），『世界遺産』（TBS 系）や『朝だ！生です旅サラダ』（テレビ朝日）などがありますが，他分野の情報バラエティ番組内の企画コーナーや生活情報番組，ニュースに適宜設けられる，「紅葉だより」・「さくら開花情報」などといった情報コーナー，さらにはクイズ番組に登場する街や観光地に至るまで，さまざまな観光情報が流通しています．

「観光計画・実行情報」，「現地情報」を中心に編集されたものが多いのですが，「観光誘発情報」としての機能も持っています．

2.5　映画，漫画・アニメ，ドラマ，小説（コンテンツ）

映画や漫画，アニメ，ドラマや小説などの「コンテンツ」によって得られた「物語性」を動機とした観光行動をコンテンツツーリズムと言います．つまり，直接的にはこれらのコンテンツが「観光誘発情報」として機能しますが，コンテンツそのものに，「観光計画・実行情報」や「現地情報」が含まれるものもあります．

なお，アニメや漫画などの作品において，物語の舞台やモデルとなった場所を巡ることを，「聖地巡礼」やアニメツーリズムと呼びます．また，コンテンツツーリズムの中でも特に映画やテレビドラマの舞台となったロケ地や，原作の舞台を巡る旅行形態をフィルムツーリズムやシネマツーリズムと呼びます．

2.6 雑誌・新聞
2.6.1 旅行雑誌

『旅の手帳』(交通新聞社),『旅行読売』(旅行読売),『CREA TRAVELLER (クレアトラベラー)』(文藝春秋),『TRANSIT (トランジット)』(ユーフォリアファクトリー)『ノジュール』(JTB パブリッシング) や『じゃらん』(リクルート) の一連のシリーズものなど, 主には月刊であるが, 不定期発行のものも含めるとさまざまな年齢や旅の趣向にあわせたものがあります. さらに, ドライブ, ツーリング, 登山, ハイキング, グルメなどのものなど多数発行されています.

2.6.2 その他の雑誌

雑誌には, ファッション雑誌, 健康・生活雑誌, 趣味・芸術雑誌, グルメ・料理雑誌, 文芸・総合雑誌などさまざまな分野のものが発刊されています. 特集などの形で観光に関する記事が掲載されることが多いです.

2.6.3 新聞

日刊新聞は毎日発行されるものですから, 日々刻々と変化する桜の開花情報, 紅葉情報など, スキー場の積雪情報から, 広範囲な観光関連が記事や特集として掲載されています. 主に, 暮らし・文化面や地域面で取り扱われます. ただ, 情報の即時性に関しては, ネット情報にその役割を取って代わられつつあります.

2.7 ホームページ・アプリ

観光情報を掲載した HP は，それぞれの団体，企業が HP を運営する目的に応じて，「観光誘発情報」，「観光計画・実行情報」，「現地情報」を情報発信しています．また，スマホでの利用を促進させるためのアプリの開発も活発に行われており，ホームページの機能の多くをスマートフォン（以下スマホ）向けに最適化されたアプリを提供しているケースが多くみられます．

それぞれの分野の代表的な HP・アプリを取り上げ説明します．

2.7.1 鉄道路線・時刻検索並びに乗車券予約・販売サイト・アプリ

かつて利用する路線（鉄道，バス他）の調査や時刻の検索は時刻表（後述）が重要なツールとして機能してきました．しかし今日ではインターネット経由で情報を入手することが主流になっています．路線情報に特化したものとしては「Yahoo 路線情報」，「ekitan」（駅探），「ジョルダン」，「NAVITIME」などが有名です．また，日本の国内外を問わず各鉄道会社が提供しているサイトがあり，指定席などのチケット予約機能を有する物が多く存在しています．例えば，ヨーロッパの鉄道チケットを日本語で予約購入できるものとして，レイルヨーロッパ公式サイト（本書では便宜的にアプリも含めサイトと表現します）があります．

2.7.2 航空チケット販売 HP・アプリ

インターネットをメディアとして活用し，最も早い時期に飛躍的にチケットの直販を成功させたのが航空業界です．日本では，

2000 年 6 月に日本航空 (旧 日本航空) がインターネットを利用した直販システムを立ち上げました. それを皮切りとして, 他の航空会社各社も追随しました.

その後, 航空各社の Web サイトは, 本来の航空券の発売や空席照会といった機能にプラスして, 系列旅行会社のサイトとの総合化等によって旅のポータルサイトを実現しています.

2.7.3　海外航空券・格安航空券の検索・予約 HP・アプリ

複数の航空会社の海外航空券を検索し予約することができます.「De N A トラベル」,「エクスペディア (expedia)」,「フリーバード (FreeBird)」,「サプライス (Surprice)」,「スカイスキャナー (Skyscanner)」 などのほかに, 大手旅行会社ならびに大手旅行会社系列のサイトがあります.

これらのサイトでは販売するチケットを格安航空券と称することが多いのですが, 実際に提供されるものの多くは航空会社の正規割引料金であり, いわゆる "格安航空券" の販売は多くありません. また, 航空券販売に限定するサイトは限られ, 多くはホテル予約などの機能を有します.

2.7.4　宿泊予約　HP ・アプリ

代表的な宿泊予約サイトとしては,「じゃらん」,「トラベルコちゃん」,「るるぶトラベル」,「一休.com」,「Yahoo!トラベル」,「Agoda」,「マップルトラベル」,「Hotels.com」,「Booking.com」, 前述の「エクススペディア」, 大手旅行会社ならびに大手旅行会社系列のサイトなどがあります. ホステルの予約については, 170 か

国，3万3,000件の予約ができる「Hostelworld」があります．また，近年，利用者の伸びが大きい民泊施設については，「Airbnb」が有名です．日本では「エアビー」と呼ばれ民泊施設の代名詞的な用語にもなっています．

　宿泊サイトのシステムは，利用者がHPにアクセスし，宿泊日時・場所等の必要な条件を入力することで，その時点で宿泊可能な施設の一覧が表示されるようになっています．多くは宿泊者の口コミを掲載しているので，利用者はそれらを参考にすることができ，希望するホテルの選択を行い，その場で，予約が完了します．

2.7.5　口コミHP

　近年では，さまざまな旅行関連サイトに口コミが掲載されていますし，また各種SNSによる口コミの流通が盛んにおこなわれています．

　世界的に有名になった「ウユニ塩湖（ボリビア）」はSNSへの投稿によって有名になったといわれていますし，日本国内でも，近年SNS投稿がきっかけとなって観光客が訪れるようになった事例が多く存在します．

　口コミを中心とした情報提供を行っているサイトとしては，「トリップアドバイザー」と「フォートラベル」が有名です．

　「トリップアドバイザー」は，8億8,400万件を超える口コミ情報（2023年10月現在）が掲載されているとともに掲示板での情報交換ができます．ホテルやレストラン，観光名所の写真なども数多く載せられていて，口コミを参照しながら，「エクススペディア」などと連携した航空券予約，宿泊予約などを，比較検討し予約する

ことができるようになっています.

「フォートラベル」は,日本最大級の旅行クチコミサイトですが,クチコミとランキングから人気のエリアを調べることや国外,国内のホテル予約サイトから最安値を検索することができ,また,航空券やツアーを比較検討できる機能を持ちます.

2.7.6　安全で快適な旅をするための情報

安全で快適な旅をするためにはさまざまな安全情報を適宜入手することが大切です.この種の情報としては,治安・政治情報,衛生・病気・ケガ・病院情報,習慣・マナー情報,気象情報(台風情報,地震情報,津波情報など),テロ情報などが考えられます.

感染症については,首相官邸 HP が公開している「海外で注意しなければいけない感染症」一覧があり,主な感染源,注意すべき病気,予防方法,主な症状など 7 カテゴリー,22 の病気について記載されています.

また,外務省「世界の医療情報」には,世界 7 地区(アジア,北米,中南米,欧州,太平洋,中東,アフリカ)147 か国の公館の住所・電話番号,医務官駐在公館,衛生・医療事情一般,かかり易い病気・怪我,健康上心がける事,予防接種(ワクチン接種機関を含む),病気になった場合(医療機関等)などの情報が掲載されています.

公安調査庁の「テロ情報」も重要な情報源になります.

そうした情報を集約したサイトが,外務省の「海外安全ホームページ」であり,危険情報(感染症危険情報を含む),スポット情

報, 広域情報などがあります.

危険情報は, 渡航・滞在にあたって特に注意が必要と考えられる国・地域に発出される情報で, その国の治安情勢やその他の危険要因を総合的に判断し, それぞれの国・地域に応じた安全対策の目安を知らせるものです. 対象地域ごとにレベル1の「十分注意してください」, レベル2の「不要不急の渡航は止めてください」, レベル3の「渡航は止めてください.（渡航中止勧告)」, レベル4の「退避してください. 渡航は止めてください.（退避勧告)」までの4つのカテゴリーによる安全対策の目安が冒頭に示され, 危険情報を出している地域ごとの詳細な治安情勢や具体的な安全対策などの, きめ細かい情報が提供されています.

感染症危険情報も併せて出されており, 新型コロナウイルス感染症（COVID-19）や新型インフルエンザ等危険度の高い感染症に関し, 渡航・滞在にあたって特に注意が必要と考えられる国・地域について発出されます. 危険情報同様に4つのカテゴリーの表記とともに, カテゴリーごとの表現に収まらない感染症特有の注意事項を, 状況に応じて付記しています.

「スポット情報」は, 特定の国や地域において日本人の安全に関わる重要な事案が生じた際, あるいは生じる可能性がある場合に速報的に出される情報で, テロや紛争に関する情報のように日本人の生命に深刻な影響を及ぼすものから, 感染症など深刻な病気となる恐れのあるものまでの多種多様な情報が提供されます.

「広域情報」は, 複数の国や地域にまたがる広い範囲で注意を必要とする事態が生じた際に注意を呼びかけるもので, 例えば, 国際テロ組織の動向に関する情報等のように, 広く注意を呼びか

けるものです.

　また2015年7月から, 緊急時に在外公館などから緊急時情報の提供を受けられる海外旅行登録システム「たびレジ」が公開されています. アプリ版もあり, 滞在する国や地域に対する海外安全情報が発出された場合にスマホのプッシュ通知で受信することができるようになっています.

2.8　Wi-Fi によるスマホの利用

　少しデータとしては古くなってしまいましたが, 観光庁「訪日外国人旅行者の国内における受入環境整備に関するアンケート」(2018年) において,「旅行中困ったこと」(複数回答) の回答結果で最も多かった「施設等のスタッフとのコミュニケーションが取れない」(20.6%) に次いだのが,「無料公衆無線LAN環境」(18.7%) でした.

　つまりこれは, 観光者がスマホなどを Wi-Fi に接続し, 情報を得ながら観光行動を行っているということの証でもあります.

　スマホのアプリは多種多様で, 特に観光者に限定して作られたものではないのですが, 観光情報のすべてのプロセスにおいて活用できるものが提供されています.

　ここでは主に観光地で「現地情報」として活用することを想定して, その一部について紹介することにします.

2.8.1　地図情報

　何種類もの地図アプリが存在しますが, 代表的なものとして「グーグルマップ」や「Apple マップ」などがあります. 現在地の

地図表示，目的地の検索，交通状況や路線図の表示，経路案内などのナビゲーション，乗換案内などの機能を持ちます．

2.8.2 グルメ情報

グルメ情報を口コミから入手するなら，前述の「トリップアドバイザー」や「フォートラベル」のアプリが利用できます．レストラン予約では，「食べログ」，「ぐるなび」，「ホットペッパーグルメ」海外レストラン予約なら「OpenTable」や「TheFork」などがあります．

2.8.3 天気予報

例えば，「AccuWeather.com」は，海外270万か所を超えるエリアの天気予報が確認できます．日本国内での利用ならYahooJapanの天気・災害情報などがあります．

2.8.4 翻訳

「グーグル翻訳」や「VoiceTra」などがあります．
前者は，100以上の言語に対応しており，音声翻訳や手書き文字翻訳，スマホで撮影した写真の翻訳などができます．またオフラインでの利用にも対応しています．
後者は，旅行会話用の翻訳アプリで，旅行会話の精度が高く，30か国語に対応しています．

2.8.5 各種SNS

各種SNSを使った観光地からの情報発信も活発に行われていま

す．SNS への投稿を目的に観光地を訪れたり，観光地での経験や楽しさを，友人や不特定多数の人々と共有することが目的の 1 つになっているケースもあります．

3．YouTuber

　観光情報分野における YouTuber（ユーチューバー）の活躍はめまぐるしいものがあります．国内外問わず，さまざまな観光地や宿泊施設，交通機関，さらには飲食といった，観光に関するコンテンツを扱う旅行系 YouTuber がたくさん活躍しています．
　鉄道に関連する旅動画の投稿をメインテーマにする人や，航空会社や宿泊施設を紹介する人，特定の国を観光し，その文化やグルメを紹介する人など，さまざまな方々が活躍しています．
　彼らの発信する情報は，時に「観光誘発情報」であったり，「観光計画・実行情報」であったり，「現地情報」であったりします．実際にそれぞれの場面で経験した，比較的最近の情報を知ることができるという意味でも重宝します．

おわりに

　今日，観光情報はさまざまなメディアをとおしてさまざまな場面で発信されています．また従来のマスメディアだけではなく，個人の発する情報が観光者の観光行動にさまざまな影響を与えていることがわかります．
　学習者の皆さんたちも自分の身の回りにあるさまざまなメディ

アや個人が発する観光情報にこれまで以上に注意を傾けていただきたいと思います.

参考文献

谷口知司編著（2010）『観光ビジネス論』ミネルヴァ書房.

谷口知司，福井弘幸編著（2020）『ひろがる観光のフィールド』晃洋書房.

谷口知司，福井弘幸編著（2017）『これからの観光を考える』晃洋書房.

安田亘宏著（2021）『新版インバウンド実務主任者認定試験公式テキスト』全日本情報学習振興協会.

第9章
観光まちづくり

　観光まちづくりとは，地域が主体となって，文化や自然などの自然を活かして来訪者を増やし地域活性化を図る施策です．まちづくりに必要な要素はいくつかありますが，代表的なものに観光資源の発掘，独自性，自治体と民間企業との連携といった要素が必要になります．

　本章では，近年の入管法（出入国管理及び難民認定法）改正に伴い外国人住民の増加がみられることから，外国文化による観光まちづくりの事例として，東京都江戸川区のデイワリフェスタ，新宿区の新大久保コリアンタウン，大阪市西成区，奈良県吉野郡十津川村を取り上げます．

　また，地域の地場産業を活用したまちづくりを行っている奈良県大和郡山市を取り上げます．

1. 東京都江戸川区西葛西デイワリフェスタ

　江戸川区は，全国で3番目に在留外国人が多い地域です．江戸川区では，小岩のエスニックタウンや西葛西のリトルインディアが有名です．江戸川区は，インド国籍の人口が最も高いです．その背景には2000年問題に対応するために日本企業にIT大国であるインドからIT技術者が派遣されていたことにあります．

図 9-1　インドの伝統的な踊り　　　図 9-2　デイワリフェスタに参加する人々
出所：筆者撮影.　　　　　　　　　　出所：筆者撮影.

　「在日インドの父」と呼ばれるチャンドラニさんは，1978 年に来日し西葛西で紅茶の貿易を始めたことをきっかけに，在住インド人の支援を行っていく中で，コミュニティが形成されていきました．年を重ねるなかでチャンドラニさんのコミュニティを頼りに来るインド人が増えました．やがてディワリー（ヒンドゥー教の新年を祝うお祭りでインド最大の光のお祭り）ができないかという声が高まりました．当初，区民会館を借りてお祭りをしていましたが，参加者が増え，やがて「東京デイワリフェスタ」と呼ばれ，お祭りは，インド人のみならず日本人も参加する西葛西を代表する巨大イベントになりました．

2．東京都新宿区新大久保コリアンタウン

　東京のコリアンタウンといわれる新大久保ですが，近年は少しづつその姿を変えつつあります．新大久保の多国籍化について考えていくことにします．

2.1　東京都新宿区新大久保コリアンタウンの変容

新宿区にある新大久保駅周辺には，現在韓国料理・雑貨店を
はじめ，ネパール料理，ベトナム料理店などのエスニック料理
店や海外送金できる店が立ち並んでいます．また，新大久保に多い
韓国料理店ではベトナム人留学生がアルバイトとして働き，かつ
てコリアンタウンとして栄えていた地は，多国籍化が進み観光的
集客力を生みだしています．

2.2　韓流ブーム到来

新大久保のコリアンタウンが観光地化したのは，2000年代に
なってからのことです．2001年に韓国人歌手のBOAが日本デ
ビューし，2002年には日韓ワールドカップが開催され，2003年に
日本でテレビドラマの『冬のソナタ』が放送され，年配女性の間で
「ヨン様ブーム」となったことなどで，第一次韓流ブームが起こり
ました．それ以降，2005年の東方神起による日本デビューを皮切
りに，少女時代，KARA，BIG BANGといった韓国の音楽グルー
プが日本で活躍するようになると，20代～30代の若者女性を中心
に第二次韓流ブームが起こるようになり，韓流ブームが過熱しま
した．韓流ブームによって新大久保では韓国の飲食店だけでなく，
カフェや美容用品を扱うお店が増えたことにより，賑わいを見せる
ようになりました．現在もなお韓流ブームは続いており，BTS，
BLACK PINKが世界に活躍の場をひろげるなか，日本でも20代
～30代の男女を中心に第三次韓流ブームが起きています．

2.3 多国籍化する新大久保

新大久保における多国籍化の背景には，2008 年に政府が打ち出した「留学生受け入れ 30 万人計画」や 2012 年の入管法の大幅な改正にあります．それを受けて，留学生をはじめとする外国籍の人が急激に増加したことにあります．特に，「留学生受け入れ 30 万人計画」を受けてベトナムからの留学生が増加しました．

2012 年に日本と韓国の間で竹島の領有をめぐる問題が過熱すると，コリアンタウンから撤退する店も複数ありましたが，そこにベトナムやネパールなどのエスニック料理店が参入したこともあって，多国籍化が進みました．

現在，新大久保には韓国人の他にネパール人が多く集住していますが，以前は新宿区の在日ネパール人の就労資格は「技能」が多く料理人が大多数を占めていましたが，近年，ネパールからの留学生が増加し，彼らも含め，新大久保においてネパール人コミュニティが拡大しつつあります．

このように，時代の変化に伴って変化し続ける新大久保は，観光的集客力を兼ね備えた街です．

また，多国籍化が進む新宿区には，「しんじゅく多文化共生プラザ」という施設があります．そこでは，語学教室や国際交流イベントを行われています．他にも，生活ガイドブックを配布し，外国籍の人が日本で生活するうえで必要な情報を発信しています．

3. 十津川村

奈良県吉野郡十津川村（以下，十津川村）は，奈良県最南端に位置

し，東京都 23 区より広く，村の面積の 96% が森林の日本で一番大きい村です.

3.1　十津川村の資源を活用した「空中の村」事業

　2020 年から日本の秘境にフランスの遊び場をコンセプトとした「空中の村」が開村しました. 昼は，フランス式のツリーハウスで昼寝や，読書を楽しむことができます. 夜は，グランピング体験ができます. 空中の村には，フランス人のジョランさんの強い思いがありました. ジョランさんは，兵庫県にある大学の大学院を卒業後，その大学の教授の同級生が副村長をしている十津川村を紹介してもらったことがきっかけとなって，2016 年に地域おこし協力隊に参加しました. 2019 年から 3 年間，地域おこし協力隊として十津川村の林業に関わる仕事をしてきました. ジョランさんは十津川村で生活を送る中で，村の人の温かさと十津川村の自給自足できる環境に魅力を感じて，地域おこし協力隊の期間終了後も「村に残りここで仕事をしたい」と思いました. そこで，木材生産以外にも山の新しい使い道を広げるために森林を活かして「空中の村」事業を進めていきました.

　十津川村も空中の村がある 21 世紀の森紀伊半島森林植物公園 (以下，森林植物公園) のスペースの活用を考えていたことと，ジョランさんが考える十津川村の森林活用の方向性が合致したことで，空中の村プロジェクトが進められてきました. 現在，空中の村は十津川村とフェレリ合同会社との間で，村有民営のかたちで管理運営しています. 2023 年 7 月にオープンした空中キャンプ場 (宿泊スペース) は，ジョランさんの会社が 100% 出資するかたちの民有

図 9-3　浮いているベッド

出所：ジョラン・フェレリ氏提供.

図 9-4　空中の村展望エリア

出所：ジョラン・フェレリ氏提供.

図 9-5　空中の村鳥かご

出所：ジョラン・フェレリ氏提供.

図 9-6　ジョランさん

出所：筆者撮影.

民営で運営管理をしているそうです.

3.2　空中の村の影響

2020 年に空中の村が開園したことで，21 世紀の森紀伊半島森林植物公園利用者数は，2019 年度は 3,476 人でしたが，2022 年度には 6,400 人となり約 2 倍に増加しています. 新たな観光拠点として

生まれ変わり，村の人口施策の重点施設となっています．

　十津川村企画観光課担当者によると，空中の村の施設ができたことで，村民が行くようになったとのことです．特筆すべきことは，子どもに大人気な場所となったことで，子ども連れの利用者が増えたとのことです．また，森林植物公園の中でマルシェなどのイベントを開き地域の人が集まる場の拠点になりつつあるそうです．

3.3　空中の村の今後の取り組み

　ジョランさんによると，リピーター確保のために，満足度向上に向けたサービスを模索しながら進めていく予定だそうです．また，新規獲得のために，SNS の活用，マスメディアによる情報発信，インフルエンサーとなる YouTuber に情報発信を行ってもらって，幅広く空中の村を知ってもらうように進めていく予定だそうです．

4．包摂力のある街　大阪市西成区

　西成区は戦後，1960 年代前半に，農村労働者や炭鉱労働者が流入し 20 代から 30 代の日雇い労働者が増加しました．1960 年代後半になると，1970 年の大阪万国博覧会の建設ラッシュを受けて全国から労働者が流入してきました．そのころから簡易宿泊所の改造が行われ，1970 年ごろにビルに建て替えられたことにより，単身者が増加しました．1980 年代になると，求人ラッシュとなり，簡易宿泊所の高層化が進み，さらに労働者が増えていきました．1990 年代になるとバブル経済が崩壊し，日雇い労働組合や，キリスト教関連団体が実施する炊き出しに並ぶ人たちは一日 1,000 人

以上にもなりました. 1999 年には野 宿 者サポートのための NPO 団体や, 支援団体, まちづくり団体が作られるようになり, 「簡易 宿 泊所転用型高齢者 共 同アパート」といった福祉支援が始まりました. 大阪府簡 宿 組合は 2005 年に大阪国際ゲストハウス地域創 出 委員会 (OIG) を設け, 欧米やアジアからのバックパッカーの誘客を進め, 2000 年代半ばからは外国人バックパッカー街となり始めました. 2010 年代には簡易 宿 泊所をゲストハウスに改装して, 外国人バックパッカーに活用されるようになり外国人が流 入するようになりました. 同時期, YouTube コンテンツに動画を投稿する YouTuber が増加し, 中でも西成区は YouTuber の間でブームとなり, 名物ホルモンをはじめとする飲 食店が取り上げられるようになりました. これらの動画配信を通じて西成区を知り, 海外や日本各地から西成区を訪れる観光者も少なくありません. 近年, 西成区は, 盛り場観光として新たな観光地になっています.

　2013 年からは, 西成区の諸問題を解決するために, 西成特区構想が打ち出され 5 か年計画で街が整備されています. 2014 年以降, 大阪市において留 学生受入れが活発化され, 外国人 住 民が急 激に増加し, 新今宮駅 周 辺（浪速区, 西成区）を中 心に流 入していきました.

　それのことと比例して西成区には外国人が経営するエスニック料 理店や雑貨店, リサイクルショップなどが空き店舗を再活用するかたちで増えました.

　2021 年には, あいりん地区を含む新今宮 周 辺エリアを大阪ミナミの新たな玄関口として発展させ, 「大阪都市魅 力 創造戦 略 2025」がめざす大阪全体の都市魅 力 向 上に資するよう, エリアブ

図 9-7　西成区に点在する外国人が経営する店
出所：筆者撮影.

ランドの向上を図っています.

　2021 年以降，西成区において人気 YouTuber たちが店を構える ようになり，YouTuber の影響もあり，西成区に訪れる人々の層 が変わりつつあります.

5. 金魚の街　奈良県大和郡山市

　奈良県大和郡山では約 300 年の前に金魚の繁殖が始まりました. 現在は年間約 4,500 万尾を出荷している日本有数の金魚の生産地 です.

　1995 年から毎年 8 月に「全国金魚すくい選手権大会」を開催し ています. 金魚を飼う文化を広く発信するために「金魚マイス ター」の養成や金魚鉢のデザインコンテストなども行われています.

図 9-8　金魚がデザインされたマンホール
出所：筆者撮影.

図 9-9　金魚ストリート祭り 2023
出所：筆者撮影.

図 9-10　自動販売機をモチーフとした機水槽
出所：筆者撮影.

図 9-11　改札をモチーフとした水槽
出所：筆者撮影.

また，柳町商店街の金魚ストリートでは街路灯・マンホールなど，さまざまなものに「金魚」をモチーフにしたアートデザインが施されており，金魚に関するスポットを巡りながら，金魚を見つけることができます．商店街では，「金魚ストリート祭り 2023」が行われ全国ポイ投げ選手権大会をはじめ，リアル金魚探しゲームなど金魚と関連したイベントや屋台が立ち並びます．また，郡山市には郡山金魚資料館がありさまざまな金魚の種類を見て学ぶことができます．

おわりに

　近年，外国人住民の増加に伴い日本各地で，彼らのコミュニティが形成されています．グローバル社会を迎えた日本では，外国人との共存・共生が求められています．そのために，文化に対する相互理解が重要です．

　また，まちづくりにおいて，地域の特性を理解すると共に地域の魅力を発信していくことが求められています．

参考文献

早川諒（2023）「第 15 章 観光が変える地域のイメージ——大阪市西成区における多国籍化と観光的集客力——」上山肇・須藤廣・増淵敏之編著『観光の公共創造性を求めて——ポストマスツーリズムの地域観光政策を再考する』pp. 248-269，公人の友社.

室橋裕和（2019）「日本の異国在日外国人の知られざる日常」晶文社.

十津川村「村の概要」（https://www.vill.totsukawa.lg.jp/about/village/）2023 年 11 月 16 日取得.

PRESIDENT Online「西葛西にインド人が集中する歴史的な理由——「紅茶倉庫」の後に，鉄道ができた——」（https://president.jp/articles/-/29322?page=1）2023 年 11 月 16 日取得.

大和郡山市「金魚でござる！」（https://www.city.yamatokoriyama.lg.jp/soshiki/chiikishinkoka/kingyo/6/1603.html）2023 年 11 月 16 日取得.

コラム 「現代の三モノ」

　観光の語源については，観光研究では今や常識になっていますが，中国の古典に辿り着きます．易経という書物の一節に「観国之光，利用賓于王」（国の光を観るは王に賓たるによろし）という言葉があります．この点では観光は，「国の光を観ること」の意味になりますが，今日的解釈では，「国の光」とは，かけがえのないそれぞれの地域の有形・無形の文化や景観を意味するものと解釈され，「観る」は，これらを「見せる」と「示す」という意味であるとされています．

　観光学という学問は，既存のさまざまな学問分野から学際的に発展してきましたが，この語源をもとにした観光学の立脚点の１つに「まちづくり」という考え方があります．ただ「まちづくり」の解釈もまた多様であり，私の立場からいえば，地域社会における固有価値としての有形・無形の文化や景観（特に棚田のような人間がその営みにおいて作り上げてきたもの）に光をあて，それを再認識・再構築して地域内外に発信することで，交流や連携を生み出し，地域の活性化を導いていく行為のことをいいます．

　私は，いくつかの地方都市の観光調査を行っていましたが，必ずといっていいほど耳にしたのは，「この町には観光するようなものは何もないです」という言葉でした．しかし人が持続的に生活を営んできたところには，必ずそこに根付く多様な文化，歴史，伝統，風習，習慣，民俗，集積された「知」が存在します．固有価値としての地域の光を地域住民がいかに示すことができるのかが，まさしく地域力であるともいえるのです．

　ところで，私は2010年ごろから，あるきっかけでフィリピンミンダナオ島のダバオ市と関係を持つことになりました．そこで知り合ったのが当時現地のＮＧＯのメンバーであった長谷川大輔さんです．

　2012年から2013年にかけて，彼の協力を受けて，ミンダナオ国際大学の４名の学生に，私が主宰していたNGOが奨学金の形で彼らの活動を支援することで，ダバオの魅力を紹介し興味を持ってもらうための日本語ブログ「ダバオへようこそ」を場とする情報発信を行う活動をしまし

た．ダバオで暮らしあるいはそこで学ぶ若者たちが，自分たちの目線で地域を見つめ直しその魅力を発信するという活動は，ささやかなまちづくり活動でもありました．

　まちづくりという言葉は，今日では観光の範疇に収まらないより広義の概念としてとらえられることが多くなってきましたが，2000年代初頭にまちづくりの「三モノ」議論が盛んに行われました．ここでいう三モノとは「ワカモノ」，「ヨソモノ」，「バカモノ（彼らの大胆なアイデアや企画が，まちづくりにつながることもある．まちを愛している人で，無責任な壊し屋ではない）」のことであり，この三者がまちづくりにおいて重要な役割をはたすというものです．

　長谷川氏は現在も当地にいて起業家，事業家として活躍されていますが，私は彼の中に現代の「三モノ」を見ています　彼の手法は，自らがこのダバオの街で起業し，その会社に現地の若者や住民を従業員として雇い，育て，会社の経営が軌道に乗ってきた段階で，彼らに経営を委ねるというものです．

　「よそ者」であり，またかつて「若者」でもあり，さらに「ばか者」でもあった長谷川氏は，最終的な責任を負わない傍観者としてのプランナーではなく「スグレモノ」としてこの町で今も大きな貢献を続けているのです．

　もし私がもう一度人生をやり直せるなら，彼のような生き方をしたいと思っています．

谷口知司

第 10 章
日本の観光資源

　この章は，留学生の皆さんたちに日本の観光資源について理解していただくことを目標としています．ここでは観光資源を観光の対象となる素材ととらえて説明していきますが，観光施設（博物館，美術館を含む）については別の章で紹介していますので，この章で詳しく説明していません．

1．観光資源の分類

　一般に観光資源は自然観光資源，人文観光資源の2つの領域に大別され，さらに人文観光資源は文化的資源，社会的資源，産業的資源，観光支援事業者に細分化されます．また，自然観光資源，人文観光資源のいずれもが有形資源，無形資源に分類されています．

1.1　美しき日本　全国観光資源台帳

　公益財団法人日本交通公社が2020年7月1日に，Webサイト「美しき日本　全国観光資源台帳（https://tabi.jtb.or.jp/）」を公開しています．そこでは観光資源を自然資源10種類（山岳，高原・湿原・原野，湖沼，河川・峡谷，滝，海岸・岬，岩石・洞窟，動物，植物，自然現象），人文資源14種類（史跡，神社・寺院・教会，城跡・城郭・宮殿，集落・街，郷土景観，庭園・公園，建造物，年中行事（祭り・伝統行

事），動植物園・水族館，博物館・美術館，テーマ公園・テーマ施設，温泉，食，芸能・スポーツ）の 24 種類の観光資源タイプを設定しています（なお，温泉については，温泉浴を体験できる施設またはその場での温浴行為で，観光的に魅力のあるものとされ，人文資源に分類されています）．

　また，観光資源の中でも「特に強く私たちの心に響き私たちをひきつけるもの，日本を代表し日本イメージの基調となっている資源」であり，「普遍的な力を持ち，より多くの人が素晴らしいと感じ，その資源と対峙したときに大きな感動を覚えるもの」を，特A級資源・A級資源として選定し，その情報を順次公開しています．この情報は 2023 年 9 月現在では公開途上にあるため，2017 年 7 月に更新作業を終えた（旧）観光資源台帳に記載されている特A級資源をここに自然資源，人文資源別に掲載し，日本を代表する観光資源の例として紹介することにします．

1.1.1　自然資源：名称（都道府県）

　大雪山（北海道），立山（富山），富士山（山梨・静岡），穂高岳（長野・岐阜），阿蘇山（熊本），尾瀬ヶ原（群馬・福島），十和田湖（青森・秋田），奥入瀬渓流（青森），黒部峡谷（富山），北山崎（岩手），瀬戸内海の多島景観（広島・岡山・香川），慶良間諸島の海岸（沖縄），日光杉並木（栃木），吉野山のサクラ（奈良），屋久島の森（鹿児島）．

1.1.2　人文資源：名称（都道府県）

　百舌鳥・古市古墳群（仁徳天皇陵，応神天皇陵）（大阪），中尊寺（岩手），日光東照宮（栃木），伊勢神宮（皇大神宮・豊受大神宮）（三重），延暦寺（滋賀），清水寺（京都），鹿苑寺（金閣寺）（京都），平

等院（京都），東大寺（奈良），法隆寺（奈良），高野山金剛峯寺（和歌山），熊野三山（熊野那智大社・熊野速玉大社・熊野本宮大社・青岸渡寺・補陀洛山寺）（和歌山），出雲大社（島根），嚴島神社（広島），江戸城跡（東京），桂離宮（京都），京都御所（京都），姫路城（兵庫），原宿（東京），白川郷合掌造り集落（岐阜），祇園界隈（京都），築地市場（東京），小笠原の見送り（東京），修学院離宮庭園（京都），青森のねぶた・ねぷた（青森），式年遷宮（三重），阿波踊（徳島），博多祇園山笠（福岡），東京国立博物館（東京），京都国立博物館（京都），広島平和記念公園（広島），沖縄平和祈念公園（沖縄），東京ディズニーリゾート（千葉），草津温泉の湯畑自然湧出泉源広場と温泉街，共同湯と時間湯（群馬），別府温泉郷（八湯）の湯けむり景観と鉄輪地獄，伝統的共同浴場群と入浴法（泥湯，砂湯）（大分），江戸前の寿司（東京），京懐石（京都），歌舞伎座で上演される歌舞伎（東京），国技館で開催される大相撲（東京）．

2．寺院，神社

　日本の観光資源の代表格といえるのが寺院や神社です．ここでは寺院と神社について説明します．

2.1　寺院について

　寺院はブッダ（多くの仏教の宗派では，「ブッダ（仏陀）」は釈迦だけを指す場合が多い）を開祖とした仏教の教えに基づき，建てられたものとされています．仏教は釈迦を開祖とするインド発の宗教で，キリスト教，イスラム教と並んで世界三大宗教の1つで，日本

へは飛鳥時代に伝来しました.

　仏教においては, 仏様が崇拝の対象です. 仏様はその悟りの度合いによって「如来」「菩薩」「明王」「天」と位付けされており, 姿形も異なります. 如来はおもに, 釈迦如来, 阿弥陀如来, 薬師如来, 大日如来と分かれていて, 例えば釈迦如来は人々をあらゆる苦悩から救って, 人生の安らぎの道に導いてくれる仏様であるとされます. 全国にある寺院はその宗派によってご本尊として祀られる仏様（ご本尊が如来であるとは限りません）は異なりますが, 例えば浄土真宗本願寺派, 真宗大谷派などは阿弥陀如来で, 真言宗は大日如来が祀られています. なお, 寺院は「〜寺」という名称が多いのですが, 他に「院」「庵」「大師」などの名前がついているものもあります.

　上述の日本を代表する観光資源の例の中にも多くの寺院が確認できると思います.

2.2　神社について

　神社は神道に属しています. 日本では古くから山や草木など, 森羅万象に神が宿ると信じられており, それらの神々が宿る神聖な場所が神社とされています. また, 皇室や氏族の祖神, 偉人や義士などの霊などが神として祀られている神社も多く存在します. 神社にまつられている神のことを祭神と呼びます. 神社の最後につく「神社」「大社」などの称号を社号といいますが, これには,「神宮・宮・大社・大神宮・神社・社」の6種類があり, その神社の権威や歴史・御祭神などに基づいています. 祭神が皇室の祖先であったり, 皇族と縁の深い神社を「神宮」と呼びます.

　上述の日本を代表する観光資源の例の中にも寺院同様に神社も数多く選ばれています．

3．歴史的建造物

3.1　歴史的建造物とは

　歴史的建造物とは，建てられてからの年月が長く，デザインや技術，機能に特徴がある建物で，将来まで保存していく価値のある建物のことをいいます．後述するようにユネスコの世界遺産や国宝などに指定されている重要な建造物も多くあります．

　歴史的建造物には，前述した神社や寺院も含まれますが，ここではそれらを除いた倉庫，工場，庁舎，城，駅や橋などが該当します．それらの中には現役で使われているものも多くあります．観光や使用による消耗を考慮しながら，後世に伝えていく努力が必要といえます．

3.2　歴史的建造物としての日本の城

　ここでは，歴史的建造物の例として，また観光資源としても高い価値を持つ城について見ていくことにします．

　城は天守，櫓，石垣，堀，門などで構成されていますが，やはり城の象徴は何といっても天守でしょう．日本の江戸時代に存在していた天守の多くは1873年，明治政府がいわゆる「廃城令」を出したのち取り壊されるなどして姿を消しました．それでも1945年を迎えるまでは，全国に20の天守が残っていました．その後，第二次世界大戦中に空襲の標的や原爆などによって名古屋城など7

つの天守が消失しました．その後，松前城の天守が失火によって
なくなっています．現在，日本全国には天守が建つ城が 60 ほどあ
りますが，昔の天守が現存しているのは姫路城，彦根城，松本城
など 12 だけで，現存天守 12 城と呼ばれています．

　有名な大阪城は，いま見ることができる石垣や堀，大手門・多
聞櫓・千貫櫓などといった古建造物はすべて徳川時代以後のもの
で，一帯は国の特別史跡に指定され，古建造物のほとんどは重要
文化財に指定されています．天守は戦後，1931 年に市民の寄付金
によって復興されたもので，江戸時代のものではなく，『大坂夏の
陣図屏風』に描かれた大天守，つまり豊臣秀吉時代の天守の復元
です．1997 年には，鉄筋鉄骨コンクリート造でありながら，国の
登録有形文化財に指定されていいます．

3.3　そのほかの歴史的建造物

　世界遺産でもあり，初期の建造物群は国宝及び重要文化財でも
ある絹糸紡績工場の「富岡製糸場」，日本三名橋の 1 つに数えら
れる「錦帯橋」，平安時代の建築様式を眺めることができる「京都
御所」，東大寺にまつわる重要物品を納めていた高床式校倉造りの
宝庫である「正倉院」など観光資源としても重要な歴史的建造物
はたくさんあります．

4．都　　　市

　観光の潮流の中に都市観光があります．魅力ある都市とは，美
しい自然や歴史的遺産が多いといったことだけが条件ではありま

せん．これ以外に，都市が持つ複合的な機能やその文化や情報の発信機能そのものが観光魅力となり集客力を発揮していることが多いのです．つまり，都市観光とはアートや古典芸能などの芸術文化の鑑賞，飲食やテーマパークなどのアミューズメント，ショッピングを楽しむこと，都市の歴史・文化や暮らしを学ぶなど，都市のさまざまな魅力を体験することを総称した旅行スタイル及び活動のことをいいます．

　従来から，パリやロンドン，サンフランシスコ，香港など海外では定番の観光スタイルです．日本でも東京，大阪などでは当たり前の観光スタイルになっています．

5. 町並み

5.1 町並みとは

　日本には観光資源として有名な「まちなみ」がたくさんあります．まちなみという言葉は，漢字では「街並み」または「町並み」と表記されます．一般に，街並みは通りを中心とした両側にある家がならぶ市街地の風景で，町並みは，町に人家が連なって立っている様子の事といわれています．本書ではより包括的な概念であると考えられる町並みという言葉で表現します．

5.2 古い町並み

　現存する江戸時代や明治時代の町並を総称して古い町並みといます．古い町並みの中には重要伝統的建造物群保存地区（43道府県104市町村126地区）に指定されているものもあります．

　重要伝統的建造物群保存地区とは，伝統的建造物群保存地区を形成している区域のうち，① 伝統的建造物群が全体として意匠的に優秀なもの，② 伝統的建造物群及び地割がよく旧態を保持しているもの，③ 伝統的建造物群及びその周囲の環境が地域的特色を顕著に示しているもの，のことをいい，観光資源としても大変秀逸なものとして評価されています．

　代表的な古い町並みとして，高山市三町・下二之町大新町（岐阜県），近江八幡市八幡（滋賀県），南木曽町妻籠宿（長野県），金沢市東山ひがし・主計町・卯辰山麓・寺町台（石川県），京都市産寧坂・祇園新橋　嵯峨鳥居本・上賀茂（京都府），倉敷市倉敷川畔（岡山県）などがあります．

6. 観光資源としての日本の四季

　日本には四季があるため，それぞれの季節ごとの楽しみ方があります．たとえ同じ場所であっても春の桜・新緑，夏のお祭り，秋の紅葉，冬の雪景色など，いろいろな変化を楽しむことができます．

　例えば，京都であれば春の桜の季節に東山の寺院や嵐山を巡り，夏は祇園祭を楽しみ，秋は東山の寺院や嵐山はもとより北野天満宮や高雄，鞍馬や貴船の紅葉をまわり，冬は年越しや初詣を楽しむといったことができます．

7. お祭り

　祭という言葉は「祀る」という動詞を語源としています．そこに

は神様に供え物を献上する意味合いが含まれています．つまり，祭りはそもそも神様へ感謝の気持ちを表すためや祈りを届けるために行われてきたと考えられています．江戸時代になると，娯楽としての要素が強まり，大衆文化として定着するようになりましたが，明治時代になると「神仏分離令」によってさまざまな祭りが消滅したり，形式を変えられたりしました．第二次世界大戦後，祭りを復興させようとする動きが盛んになり，江戸時代の時のように祭りが行われるようになり娯楽としての要素を持つようになりました．

今日では大規模なものを中心に，祭りは地元の人々の楽しみとしてだけでなく域外から多くの観光客を招き入れる観光資源としての要素を持つようになり，一方で，「イベント」としての新たな祭りも登場しています．

　日本の各地でさまざまな祭りが行われていますが，その中でも「祇園祭（京都）」「天神祭（大阪）」「神田祭（東京）」がその歴史の長さや規模の大きさから，日本を代表する三大祭りと呼ばれています．

　そのほかの日本の代表的なお祭りには次のようなものがあります．

　「さっぽろ雪まつり（北海道・札幌市）」，「青森ねぶた祭（青森県・青森市）」，「チャグチャグ馬コ（岩手県・滝沢市，盛岡市）」，「仙台・青葉まつり（宮城県・仙台市）」，「竿燈まつり（秋田県・秋田市）」，「提灯祭り（福島県・二本松市）」，「祭頭祭（茨城県・鹿嶋市）」，「秩父夜祭（埼玉県・秩父市）」，「道祖神祭り（長野県・野沢温泉村）」，「おわら風の盆（富山県・富山市）」，「高山祭（岐阜県・高山市）」，「左義長まつり（滋賀県・近江八幡市）」，「だんじり祭（大阪府・岸和田市）」，「阿波

おどり（徳島県・徳島市）」,「牛鬼まつり（愛媛県・宇和島市）」,「博多
どんたく（福岡県・福岡市）」.

8. 日本の世界遺産

8.1　世界遺産と観光動機

　世界遺産は, 地球の生成と人類の歴史によって生み出され, 過
去から現在へと引き継がれてきたかけがえのない宝物であり, 現
在を生きる世界中の人びとが過去から引き継ぎ, 未来へと伝えて
いかなければならない人類共通の遺産のことをいいます. 世界遺
産は 1972 年の第 17 回ユネスコ（国際連合教育科学文化機関, United
Nations Educational, Scientific and Cultural Organization：UNESCO）総会
で採択され, 1975 年に発効された『世界遺産条約（世界の文化遺産
及び自然遺産の保護に関する条約）』の中で定義されています. 日本は
この条約を 1992 年に締結しています.

　このように, 世界遺産そのものは観光のために制定されたもので
ないことは明確ですが, 世界遺産に登録されるということは, その
遺産が貴重なもの, 優れたものであることを示すことになるで,
人々の観光意欲を掻き立てる大きな動機になります.

8.2　世界遺産の分類

　世界遺産は, 人間の文化的活動の産物（不動産のみ）としての
「文化遺産」と, 地球の活動や動植物の進化を伝える「自然遺産」,
またその両方の価値をもつ「複合遺産」に分類されています
　2023 年 10 月現在, 世界遺産は文化遺産 933 件, 自然遺産 227 件,

複合遺産39件の合計1,199件が登録されていますが，そのうち日本には文化遺産20件，自然遺産5件の計25件の世界遺産があります．

8.3 日本の世界遺産

8.3.1 文化遺産（資産名，所在地，登録年）

「法隆寺地域の仏教建造物（奈良県）」1993年，「姫路城（兵庫県）」1993年，「古都京都の文化財（京都府・滋賀県）」1994年，「白川郷・五箇山の合掌造り集落（岐阜県・富山県）」1995年，「原爆ドーム（広島県）」1996年，「厳島神社（広島県）」1996年，「古都奈良の文化財（奈良県）」1998年，「日光の社寺（栃木県）」1999年，「琉球王国のグスク及び関連遺産群（沖縄県）」2000年，「紀伊山地の霊場と参詣道（三重県・奈良県・和歌山県）」2004年，「石見銀山遺跡とその文化的景観（島根県）」2007年，「平泉―仏国土（浄土）を表す建築・庭園及び考古学的遺跡群―（岩手県）」2011年，「富士山―信仰の対象と芸術の源泉―（山梨県・静岡県）」2013年，「富岡製糸場と絹産業遺産群（群馬県）」2014年，「明治日本の産業革命遺産―製鉄・製鋼，造船，石炭産業―（福岡県・佐賀県・長崎県・熊本県・鹿児島県・山口県・岩手県・静岡県）」2015年，「ル・コルビュジエの建築作品―近代建築運動への顕著な貢献―（東京都※フランス・ドイツ・スイス・ベルギー・アルゼンチン・インド）」2016年，「『神宿る島』宗像・沖ノ島と関連遺産群（福岡県）」2017年，「長崎と天草地方の潜伏キリシタン関連遺産（長崎県・熊本県）」2018年，「百舌鳥・古市古墳群―古代日本の墳墓群―（大阪府）」2019年，「北海道・北東北の縄文遺跡群（北海道・青森県・岩手県・秋田県）」2021年．

8.3.2 自然遺産 (資産名, 所在地, 登録年)

屋久島 (鹿児島県), 白神山地 (青森県・秋田県) 1993 年, 知床 (北海道) 2005 年, 小笠原諸島 (東京都) 2011 年, 奄美大島・徳之島・沖縄島北部及び西表島 (鹿児島県・沖縄県) 2021 年.

9. 世界無形文化遺産

有形の文化遺産とともに無形の文化遺産も重要な観光資源です. 先に説明した祭りは無形の文化遺産です. 2003 年のユネスコ総会において採択された「無形文化遺産の保護に関する条約」(無形文化遺産保護条約) は, グローバリゼーションの進展や社会の変容などに伴い, 無形文化遺産に衰退や消滅などの脅威がもたらされるとの認識から, 無形文化遺産の保護を目的としたものです. 日本は, 2004 年にこの条約を締結しています. ここでの無形文化遺産は, 口承による伝統及び表現, 芸能, 社会的慣習, 儀式及び祭礼行事, 自然及び万物に関する知識及び慣習, 伝統工芸技術などとされています.

現在, 世界で 567 件が登録されており, 日本のものは 22 件あります (2023 年 10 月現在).

代表的なものとして, 能楽・人間浄瑠璃文楽・歌舞伎 (伝統的な演技演出様式によって上演される歌舞伎) (2008 年登録), 雅楽 (2009 年登録), 和食; 日本人の伝統的な食文化 (2013 年登録), 山・鉾・屋台行事 (日立風流物, 高山祭の屋台行事, 犬山祭の車山行事, 京都祇園祭の山鉾行事, 博多祇園山笠行事など 33 件でいずれも国指定重要無形民俗文化財に指定されている) などがあります.

10. 国立公園・国定公園

10.1 国立公園・国定公園とは

国立公園・国定公園は前出の観光資源の分類では，自然観光資源の中に入ります．

国立公園は，自然公園法に基づき日本を代表する自然の風景地で，環境大臣が指定し，国が管理しています．国定公園は，国立公園に準じる景勝地として自然公園法に基づき，環境大臣が認定した公園です．管理は各都道府県が行っています．

自然公園法が主に保護の対象としているものは自然の風景地ですが，あわせて自然環境の保全や生物多様性の保全にも大きく寄与しています．観光的には，森林，農地，集落などの多様な環境の中にあり，ほとんど手つかずで残された自然を探勝できる一方で，自然と人の暮らしが織りなす景勝地で歴史や文化に触れることもできる場所といえます．また，健康増進やレクリエーションのために自然と触れ合ったり，登山，ハイキング，スキー，キャンプ，カヌー，シュノーケリング，バードウォッチング，自然観察など多様なアクティビティを楽しむ場所でもあります．ビジターセンターや歩道，案内板等の施設も整備され，自然観察会なども開催されています．

現在日本には 34 の国立公園と 58 の国定公園があります．また，都道府県立自然公園も 310 か所あり，コロナ禍前には，年間約 9 億人という多数の利用者が訪れています（環境省「自然公園等利用者数調（2021 年）」）．

利用者数の多い国立公園（上位 10 公園）は，富士箱根伊豆，瀬戸内海，上信越高原，阿蘇くじゅう，大山隠岐，秩父多摩甲斐，日光，霧島錦江湾，吉野熊野，伊勢志摩で国立公園全体に占める利用者数の割合は 79.2％に達しています．また，国定公園（上位 10 公園）では琵琶湖，玄海，金剛生駒紀泉，八ヶ岳中信高原，水郷筑波，南房総，若狭湾，耶馬日田英彦山，沖縄海岸，三河湾で 58.6％です（環境省「自然公園等利用者数調（2021 年)」).

10.2　世界遺産地域を含む国立公園

世界遺産地域を含む国立公園は次のとおりです．

・自然遺産：屋久島，知床，小笠原
・文化遺産：瀬戸内海（嚴島神社），日光（日光の社寺），吉野熊野（紀伊山地の霊場と参詣道），富士箱根伊豆（富士山）

11.　ラムサール条約登録湿地

　正式名称は「特に水鳥の生息地として国際的に重要な湿地に関する条約」といいます．1971 年 2 月 2 日にイランのラムサールという都市で開催された国際会議で採択された，湿地に関する条約です．条約の目的である湿地の「保全（・再生）」と「ワイズユース（賢明な利用)」，これらを促進する「交流，学習（CEPA)」．これら 3 つが条約の基盤となる考え方です．国際的に重要な湿地及びそこに生息・生育する動植物の保全を促進するため，各締約国がその領域内にある国際的に重要な湿地を 1 か所以上指定し，条約事務局に登録するとともに，湿地の保全及び賢明な利用促進の

ために各締約国がとるべき措置等について規定しています.

　日本には 52 か所の登録地がありますが, 釧路湿原, 尾瀬, くじゅう坊ガツル・タデ原湿原など観光地としても有名なものがあります.

12.　ジオパーク

　「ジオパーク」とは,「大地の公園」を意味します.「ユネスコ世界ジオパーク」と日本国内の独自制度である「日本ジオパーク」があります.

　科学的に重要で貴重な価値を持つ地形や地質を保全するとともに, 地球活動が生み出したダイナミックな大地と, その環境が生み出した生態系, 文化, 歴史, 産業, 暮らしなどを教育やツーリズムに活用しながら, 持続可能な発展を推進する地域認定プログラムのことです.

　日本のユネスコ世界ジオパークは, 洞爺湖有珠山（北海道）, 糸魚川（新潟県）, 山陰海岸（鳥取, 兵庫, 京都）, 室戸（高知県）, 島原半島（長崎県）, 隠岐（島根県）, 阿蘇（熊本県）, アポイ岳（北海道）, 伊豆半島（静岡県）, 白山手取川（石川県）の 10 地域です.

13.　地域の暮らし, 生活様式, 日常生活

　かつて観光スポットといわれたものは, いろいろな国や地方にある有名な風景・史跡・風物などのことでした. 一方, 観光立国推進基本法第 13 条では, 観光資源は,「史跡, 名勝, 天然記念物等の

文化財，歴史的風土，優れた自然の風景地，良好な景観，温泉その他文化，産業等に関する観光資源」と表現されており，非常に幅広いものをさしています．近年ではさらに一層その幅は拡がっていて，かつては観光資源とは思われていなかったようなものが，観光者を惹きつけるようになりました．それらの多くは地域住民の生活の場と重なっています．私たちがそれらを観光の対象として眺める場合，そこに暮らす人々の日常の暮らしを尊重する必要があります．

14. 資源依存産業としての観光

2008年度版『観光白書』には，「観光産業は，一旦破壊・滅失させると再生することが困難な自然観光資源に代表される観光資源にその存立を大きく依存する資源依存型産業」であり，そのためにも「環境保全の取組は，観光産業にとってその持続的な発展の根幹をなすとともに，観光産業そのものが，地域における環境保全の取組を通じて他を先導し得るもの」である必要があることを指摘していました．

近年においては，自然観光資源にみられる生態学的，環境的持続可能性に加え，文化観光資源においても文化や歴史遺産，社会資源などが消費の対象になり，観光がこれらに依存することから，その持続可能性もまた重要な課題となります．

第1章で説明した，オーバーツーリズムや観光公害という現象もまた，自然観光資源，文化観光資源双方への負荷が高く，観光地の自然環境，経済，社会文化に悪影響を与えています．そして，

そのことが観光地の観光魅力を低減させることにつながっています.

　観光産業は，自らが資源依存型産業であることをしっかりと認識し，自然，人文両面において環境という息の長い問題に積極的に取り組むという社会的責任を負うのです.

参考文献

谷口知司編著（2010）『観光ビジネス論』ミネルヴァ書房.

谷口知司，福井弘幸編著（2020）『ひろがる観光のフィールド』晃洋書房.

谷口知司，福井弘幸編著（2017）『これからの観光を考える』晃洋書房.

コラム　世界遺産「富士山」はなぜ文化遺産なのか

　世界遺産が，自然遺産，文化遺産，複合遺産に分類されていることについては第10章でのべました．日本人は「富士山は世界遺産です」と誇らしげに語ります．

　富士山は日本のほぼ中央にそびえる大変美しい山で，日本人にとって心のふるさとであり，精神・文化の源泉です．そして，神のいる場所つまり信仰の対象でもあります．富士山は日本人のみならず，海外の芸術家たちにも影響を与えて，それを題材・素材としたたくさんの芸術作品を生み出しています．

　ところで，この富士山が世界遺産の分類で文化遺産だというと，多くの日本人は怪訝な顔をします．なぜなら人々は自然遺産であると信じているからです．

　実は，富士山が最初に世界遺産として登録されようとしたとき，当然のように自然遺産としてでした．しかし，富士山は国内の検討会でも世界自然遺産の候補から落選してしまいます．理由は主に2つありました．1つ目が「世界の山々に比べると，富士山の形や火山活動などはそれほど珍しくない」という点です．2つ目は「富士山の開発が進んでいた．ゴミや屎尿などを原因とする環境の悪化も深刻だった」という点です．実に残念なことですが，観光地として当時すでに広く認識されていた富士山は自然破壊や登山者のゴミ問題が深刻で，自然遺産としての登録は叶わないということだったのです．

　その後の清掃活動は，国，山梨・静岡両県，地元市町村，民間団体等によって継続的に行われ，山岳部のゴミは減少していますし，民間山小屋における環境配慮型トイレや公衆トイレの整備なども進められるなど環境の保護に努めています．

　さて，自然遺産としての登録が叶わない富士山が次に目指したのが文化遺産としての登録です．皆さんは富士山の世界遺産としての正式な登録名を知っていますか．それは，「富士山―信仰の対象と芸術の源泉」といいます．

　この世界遺産には 25 の構成資産がありますが,「信仰の対象」と「芸術の源泉」という 2 つの側面からとらえられています. 前者としては,「信仰の対象」となった山域や登山道, 富士山への信仰に由来する山麓の神社や, 御師住宅, 信仰心をもって富士登山に臨む人々が巡礼や修業を行った, 溶岩樹型や湖, 湧水地, 滝, 海浜などです. 後者としては富士山の展望景観です. 葛飾北斎の『富嶽三十六景』や歌川広重の『東海道五十三次』などの浮世絵には富士山が描かれていますし, ゴッホやモネなどの印象派の画家は, これらの浮世絵から大きな影響も受けています. また,『万葉集』にも, 富士山を詠んだ作品があります.『竹取物語』『古今和歌集』『伊勢物語』, 松尾芭蕉や与謝蕪村の俳句, 夏目漱石や太宰治の作品にも取り上げられています. この意味で富士山は多くの芸術の源泉となっています.

　このように, 古代から続く人々の思いや行いが「信仰の対象と芸術の源泉」として認められたことで, 富士山は文化遺産として世界遺産に登録されたのです.

谷口知司

《著者紹介》

谷口知司（たにぐち　ともじ）
　第1章，第3章，第6章，第8章，第10章，コラム
東北大学大学院教育情報学教育部博士前期課程修了，博士（文化政策学）.
元京都橘大学現代ビジネス学部教授，同大学院文化政策学研究科教授，ミンダ
ナオ国際大学客員教授.
現在，学校法人花園南学園　日本デジタルカレッジ開校準備室エグゼクティ
ブ・マネージャー.
主要業績
『ひろがる観光のフィールド』（共編著，晃洋書房，2020年），『これからの観
光を考える』（共編著，晃洋書房，2017年），『デジタル・アーカイブの資料基
盤と開発技法』（共編著，晃洋書房，2015年），『デジタル・アーカイブの構
築と技法』（編著，晃洋書房，2014年），『観光ビジネス論』（編著，ミネル
ヴァ書房，2010年）.

早川　諒（はやかわ　りょう）
　第2章，第4章，第5章，第7章，第9章
京都橘大学現代ビジネス学部都市環境デザイン学科卒業.
法政大学大学院政策創造研究科修士課程在籍.
現在，学校法人花園南学園　大阪観光ビジネス学院教員.
主要業績
「大阪市における多文化共生政策の課題と今後のあり方に関する考察」『地域イ
ノベーション』Vol.15，（法政大学地域研究センター，2022年），「第15章　観
光が変える地域のイメージ──大阪市西成区における多国籍化と観光的集客力
──」上山肇・須藤廣・増淵敏之編著『観光の公共創造性を求めて──ポスト
マスツーリズムの地域観光政策を再考する──』（公人の友社，2023年）.

留学生のための観光学入門

2024年4月10日　初版第1刷発行　　　＊定価はカバーに
　　　　　　　　　　　　　　　　　　　表示してあります

　　　　　　　　　　著　者　　谷　口　知　司 ©
　　　　　　　　　　　　　　　早　川　　　諒

　　　　　　　　　　発行者　　萩　原　淳　平

　　　　　　　　　　印刷者　　田　中　雅　博

　　　　　　発行所　株式会社　晃　洋　書　房

〒615-0026　京都市右京区西院北矢掛町7番地
　　　　　　　電　話　075（312）0788番㈹
　　　　　　　振替口座　01040-6-32280

装丁　HON DESIGN（北尾　崇）　　印刷・製本　創栄図書印刷㈱

ISBN978-4-7710-3841-7